Selecciones
de Poesía
Española

POESÍA AMOROSA
(1918 - 1969)

GERARDO DIEGO

POESÍA AMOROSA
(1918-1969)

Segunda edición, aumentada

Plaza & Janés, S. A.
Editores

Portada de
WEBER

Primera edición: Abril, 1965

Segunda edición: Noviembre, 1970

861
D559B4

© 1970 Gerardo Diego

Editado por **PLAZA & JANES, S. A.**, Editores
Virgen de Guadalupe, 21-33 Esplugas de Llobregat (Barcelona)

Printed in Spain - Impreso en España
Depósito Legal: B. 36.083 - 1970

PRÓLOGO

PRÓLOGO

Canté el amor llorando la alegría
y tan dulce tal vez canté mi pena
que todos la juzgaban por ajena
pero bien sabe el alma que era mía.

GABRIEL BOCÁNGEL

Que un poeta intente explicar lo que es la poesía
ya es empeño temerario. Pero que encima tenga
que complicar su teoría o su experiencia o, como
ahora dicen, su vivencia o sus vivencias, con las
del amor creado o creído, vivido o soñado, forzo-
samente ha de resultar empresa demencial o inve-
rosímil. Ahora bien, y tentándome la ropa, ¿quién
me obliga a mí a tales definiciones y explicaderas?
Nadie. A lo único que yo me he comprometido con
mi editor es a escribir yo mismo el prólogo, así
como a la selección de mi poesía amorosa, y un
prólogo, si puede muy bien excusarse, ya en trance
de redactarlo, puede cortarse como capa, sayo o mí-
nimo chaleco para abrigar el corazón. El prólogo, el
autoprólogo, es el género literario más libérrimo
o, lo que es lo mismo, el más difícil y por eso

el máximo escritor de nuestra lengua ha sido el raro inventor de los prólogos más esenciales y deliciosos de toda la literatura universal. Tiremos, pues, por la calle de en medio y Dios con todos.

Yo no sé hacer sonetos más que amando. Así reza el primer verso de mi primer soneto a Violante. Pero no se trata sólo de sonetos, aunque el soneto haya nacido y crecido particularmente destinado a la entrega amorosa. Se trata de la poesía toda. Por ejemplo, de los romances. Mi primer libro, o, mejor dicho, uno de mis tres simultáneos primeros libros, El Romancero de la novia, surtió de mí para demostrarme que yo no sabía hacer romances más que amando, que yo me revelaba poeta o voluntario recluta para la poesía, precisamente porque estaba enamorado. Habrá otros motivos de vocación poética. No lo niego. Cada poeta habla de la feria según le va en ella. Quién nace al calor de la ambición, quién al de la aventura juvenil, éste al del entusiasmo indistinto y genérico, aquél al del tedio infinito. Presumo, no obstante, que el censo de los cadetes de la poesía erótica es el más numeroso en todas las razas, siglos y culturas. Poesía y Amor se hallan tan indisolublemente amalgamados —como hijos mellizos de una misma madre, la Ilusión— que apenas es posible diferenciarlos.

La poesía amorosa, ciertamente, ocupa un área más extensa que cualquier otro tipo de poesía. Y al decir amorosa empleo esta palabra en su más estricto sentido, el que comúnmente se entiende por ella, esto es, ascendiendo al sustantivo, el amor de hombre a mujer (o viceversa cuando el poeta es del género femenino). Y esto hay que aclararlo desde el principio porque no deja de ser una arbitrariedad cercenadora la de reducir el amor a ese concepto estricto. Hay que proclamar que no es sólo amor el amor biológico de la especie, magnificado a la altura de la dignidad humana, sino el amor paternal y el filial y el fraterno, y el amor de amistad, absolutamente espiritual, y el más encendido de caridad al prójimo o lejano, y el amor de piedad por las bestias y las plantas, y sublimando todos estos amores el amor a Dios que cuando asciende a la llama de amor viva de la comunión mística viene a encarnar en la más dichosa corporeidad de poesía. Amor, motor del mundo, alma del cosmos, que mueve, según Dante, el sol y las otras estrellas. Donación, entrega y también anhelo, ansia irresistible de transgredir los propios límites del amante para verterse en expansión infinita y transfundirse en y con su objeto amado. Un universo en expansión conviene todavía mejor a la realidad del amor humano o divinohumano que el de la vieja mecánica celeste de la atracción mantenida en equilibrio dinámico.

Dicho esto en cuanto a la esencia y a la trascendencia de la acción y de la pasión amorosa, todavía hay que distinguir entre las diversas actitudes y métodos de la poesía amorosa en su sentido más estricto. Yo hallo que son tres: la más natural, la más legítima y pura, es la de dirigirse el amante a la amada, ya en realidad de mensaje o confidencia, ya en recado de ilusión o ensueño. Poesía eres tú, dijo Bécquer. En rigor la poesía no eres tú, sino

11

el poema que gracias a ti nace y existe, o sea, la
poesía virtual y real que tú emanas y originas.
La poesía es el dativo de la segunda persona del
singular, es el «a ti».

Y esto es tan cierto que vale también para toda
poesía no específicamente erótica, aunque se apli-
que plenamente a la de amor. Y entonces resulta-
rá que si la poesía es lenguaje, el poeta podrá no
sólo dirigirse a su «tú» —sea ese tú la amada o el
prójimo individual e individualizado o, a lo mejor,
el propio yo del poeta que se desdobla para hablar
consigo mismo y jugar solo en su frontón y cono-
cerse así mejor— sino referirse a una tercera per-
sona —poesía épica— o varias terceras personas
en litigio —poesía dramática— o también no salir
de su yo, de su examen de conciencia y confe-
sión de boca —poesía patética—. Pero si el poeta
está de verdad enamorado, condición y estado sin
duda el más propicio a la plenitud de la creación
poética, todo lo que de sus labios brote será un
«a ti» más o menos identificable como dirección y
motivo primero y último de su fabulación verbal.
De hecho, una considerable proporción de poemas
amorosos los escribe el poeta en apariencia para sí
mismo sin que parezca hablar con la amada. Pero
ella sabe que es la inspiradora también de tales
soliloquios, del mismo modo que él ha estado pen-
sando, soñando y sufriendo en ella y para ella
durante la delicada fabricación del poema tan
apariencialmente egoísta. Esta situación, compleja
y clarísima a un tiempo, se produce con frecuencia
en los períodos de soledad, de desengaño y de
hastío existencial a resultas de un percance amo-

roso. Y si tales penas de amor traidor o no correspondido las hubo siempre y motivaron insignes piezas de la poesía erótica, confesada o implícita, entre orientales o mediterráneos, medievales o renacentistas, ha sido sobre todo a partir del romanticismo cuando se han exacerbado y cobrado un cariz tan humanamente morboso como poéticamente esplendoroso y fecundo.

Románticos somos y la desafiadora pregunta retórica de Rubén Darío vale para su siglo que sigue siendo el nuestro y que es ya el segundo de romanticismo sin que se vea claro el nuevo cielo más sereno que ha de cobijar a la Humanidad de un inmediato mañana. Y tan honda es la convicción de romanticismo que arrastramos que ya la palabra «romántico» significa casi lo mismo que enamorado o enamorable. Para el vulgo exactamente lo mismo. Y en virtud de esta traslación de sentido es ya normal que despojemos el concepto de lo romántico de su limitación histórica y lo extendamos hacia atrás para aplicarlo a los poetas, artistas y a todos los seres humanos que procedieron en vida u obra al modo romántico. Safo y Lucrecio, Ovidio y Lucano, Villon y Macías, Lope y Villamediana. Otros tantos románticos fuera de siglo.

Limitémonos a la historia de la poesía española de amor. Lo primero que debemos afirmar es su extraordinaria riqueza de abundancia y calidad. Sobre todo si admitimos que sea poesía de amor toda la que trate del amor o verse sobre el amor, aunque sea en contemplación desde la orilla. Por no hablar ya de la poesía anónima y tradicional, de las jarchas y cantares de amigo y romances líricos y, prescindiendo de los poemas primitivos de cortesía y debate, tenemos ya en pleno siglo XIV esa summa erigida por Juan Ruiz que distingue el buen amor del loco amor y que es la vida misma en plenitud y libertad. Y si nos atenemos exclusivamente a la poesía del amor sentido y vivido por el poeta, sin sombra de engaño ni interposición de personaje inventado, con los poetas de los cancioneros estamos ya en plena confidencia sentimental. Y cuando triunfa la primavera del nuevo estilo italiano, Boscán y Garcilaso nos van a ofrecer sus respectivos testimonios de amor, matizadísimo y diverso el del caballero barcelonés, intenso y dolorido el del capitán toledano. No importa el tributo que pueda pagar a los modelos y modos de Petrarca o de Ausías March, como tampoco le estorbó para su directísima sinceridad a Camoens, poeta portugués o castellano, su sumisión a la poesía italiana.

No voy ahora a ensayar una historia de nuestra poesía amorosa —historia y antología que habrá que hacer pronto con un criterio no rutinario y que ofrecerá deliciosas sorpresas e inesperadas conclusiones— pero ya que he citado a Ausías y a Camoens, autores de verdaderos «canzonieri», voy a escoger tan sólo los nombres de los que han edificado a sus amadas el monumento de un auténtico cancionero y, de entre ellos, a los más profundos y originales. De los poetas del Siglo de Oro me interesan menos Gutierre de Cetina, a pesar de tanto apasionado soneto, y el propio y nobilísimo Fernando de Herrera, demasiado cargado por el *peso de su poética humanista, que los más originales, los más románticos del yo y del tú. Los tres mayores, los más abrasados y profundos conocedores y prodigiosos decidores de su amor humano, son Lope, Quevedo y Villamediana. En Lope está todo el amor y también el divino. Y por si fuera poco también el amor en tercera persona, el épico y el dramático, el amor contemplado en los otros y vivido por dentro de ellos en un prodigio de multiplicación y diversidad. Pero le bastarían sus romances, sonetos y poemas a Filis, a Belisa, a Lucinda y a Amarilis, para presidir cualquier parnaso erótico universal. Quevedo, extrañísimo y misterioso carácter, no parece que fue un enamorado, un romántico permanente sino sólo de ocasión. Es por su cancionero a Lisi por lo que no puede ser olvidado, pues en él el amor furioso y devastador va a triunfar de todos los convencionalismos de época y de escuela con un ímpetu y una verdad que podrían envidiar los románticos de 1830. En cuanto a Villamediana, nadie supo tanto como él de los abismos y paraísos o purgatorios del amor y nadie acertó a decirlo con palabra tan esclava, musical y temblorosa. Sus redondillas y sonetos funden la elocuencia en la balbuciencia y nos conmueven hasta las lágrimas.*

Después de estos tres «corpus» de poesía a la amada en que triunfa el «a ti» sobre el yo, y éste sobre el ella, yo no veo más que otros dos, dignos del nombre de cancionero total. El de Bécquer y el de Salinas. Las Rimas constituyen una doctrina y una biografía del amor ilusionado, esto es, del amor amor. Gustavo Adolfo se salva y salva a la amada y salva a la poesía de la nimiedad de la anécdota, no escondiéndola sino partiendo de su declaración ingenua y peligrosa pero ascendiendo desde ella, garantía de lo vivido, hasta la más excelsa y romántica declaración de la ternura, del éxtasis, del desengaño y de la soledad del amor solo. Mi Amor solo, amor después de ella o de ellas, y sin ellas, está ya incomparablemente sufrido y dicho por él.

Desde Bécquer a Salinas, ese poeta ya fabuloso y tan llorado —tantas veces se me aparece en sueños el generoso, el buenísimo amigo y en mis sueños no ha muerto y me certifica su «fe de vida», que ya no sé en la vigilia si creerle aquí o allá— han pasado los años suficientes para que una lírica amorosa como la suya tenga que reflejar forzosamente «la delicadeza deste siglo» como dijo Bocángel. Sorprende en Salinas lo tardío de su iniciación, aunque es bien posible que algún ciclo anterior a su primer libro Presagios, libro publicado después de la treintena, le precediera dentro de su lírica primeriza que no se atrevió por timidez o pudor a publicar en la hora justa. La tardanza nos valió la sorpresa del opulento y conmovedor regalo: La voz a ti debida. Al que inmediatamente siguió como una segunda parte, Razón de amor. En estos dos libros de poesías, o poemas cada uno de poesías, verdaderos cancioneros, así como en varias piezas más, desperdigadas por otros libros, Pedro Salinas canta al amor en el ensueño, la contemplación y el recuerdo de la amada. Canto dichoso de correspondencia y posesión, a un tiempo físico y espiritual,

«*esta corporeidad mortal y rosa*
donde el amor inventa su infinito».

La delicadísima, susceptibilísima sensibilidad
erótica y estética de Salinas, en su aristocracia de
alma, su capacidad de música imaginativa y en
fluidez de consecución inagotable le inspiran los
capítulos de esa doble novela de amor que, si a
veces nos encanta con adivinanzas y reflejos de
reflejos, también sabe en ocasiones desnudarse
hasta hacernos cómplices de su contagiosa felici-
dad. Y hay —válgame Dios— quienes han acusa-
do a esta poesía de cerebral y ficticia.

El que yo haya estimado a estos cinco poetas
como a los más sabedores y mejores decidores de
amor entre los españoles no quiere olvidar a
otros no menores poetas ni menos auténticos en
su poesía de amor, pero menos definidos por ella,
menos creadores de un nuevo y central cancione-
ro. Suprimamos mentalmente de su obra el sector
de inspiración y dedicación amorosa —de mí para
ti— y en nada mermará su altura total. Hágase la
prueba con Unamuno o con Antonio Machado, con
Jorge Guillén o con Vicente Aleixandre, y así su-
cesivamente. En la antología que antes propugna-
ba, sí que han de figurar con la reverencia debida
y, pieza a pieza, se encontrarán sus poemas a la
altura de su otra obra y a la de los ciclos que he-
mos escogido como modelos.

Y me llega la hora de la verdad. Tan desatenta-
mente impreparada, pues nada me convenía menos
que hacer recordar al lector la más alta poesía

17

*antes de invitarle a conocer o repasar la mía.
Quiero por eso mismo declarar con absoluta since-
ridad que no es megalomanía que me lleve a so-
brestimar mi poesía amorosa. Pero sí es defensa
de su legitimidad y estimación sin «sobre» de lo
que representa dentro de mi obra. En este sentido
creo que ella, mi obra poética, tan desigual y pre-
caria, se define esencialmente, no como fruto del
ingenio, sino como ofrenda del amor. En el sentido
más amplio de la palabra por de pronto en el que
entran todas las orientaciones del deseo amoroso
y, por lo tanto, mi poesía de amor a Dios, a sus
criaturas físicas, espirituales y humanas, mis amo-
res familiares en todos sus niveles, mis amores
patrios y geográficos. Mas también en el más
puro sentido del amor lírico y dialogado y de sus
confesiones patéticas. Creo que dentro de mi líri-
ca, todo lo diversa que se quiera, es su ingenuidad,
mi ingenuidad lo que la puede salvar y en cual-
quier caso justificarme como poeta. Me encuen-
tro, me reconozco mejor, no en las estrofas más
ricas y de técnica y de experiencia veterana, sino
en mis versos más desnudos, más escapados, más
surtidos como sangre de una vena rota.
Esa poesía, primaria y última, inocente y rubo-
rosa, con el rubor de una perpetua adolescencia y
casi niñez, poesía que no quiere enmascararse, que
se confía a la actitud hermana del posible lector
cuyas cuerdas receptivas estén templadas al mis-
mo diapasón que las mías, esa poesía que puede
ser precisamente amorosa pero también piadosa,
provinciana, vagamente anhelante de mejoras de
espíritu, de ímpetu ascensional, de ilusión y de con-
fidencia autobiográfica, esa poesía es sobre todo*

la mía. Y en la que no sea así, lo que hay en mí de poeta ingenuo es lo único que la puede salvar, porque en mi poesía trato a mi idioma con trato de ternura amorosa y ella es amor resuelto en música, sea cual fuere el tema que cante, que me haga cantar o que invente mi capacidad melódica. Y dicho esto quizá sería lo mejor que me retirara por el foro. Debo sin embargo al lector algunas explicaciones bibliográficas y autocríticas o, mejor dicho, aclaradoras de intenciones.

Ya dije cómo nació en mí el poeta. Y en este libro se incluyen cinco romances de los quince que forman El Romancero de la novia, suficientes a dar idea de ese mi primer ciclo de poesía amorosa. En otras ocasiones he explicado cómo me decidí a imprimir el librito, mas no a publicarlo sino a regalar sus cien ejemplares mínimos a otros tantos amigos viejos o nuevos. Entre estos últimos, ninguno tan generoso como Antonio Machado que me escribió una preciosa carta y publicó en La Voz de Soria un artículo «La carta de un poeta» donde le llama «libro de juventud, de pura y santa emoción juvenil». También he explicado lo que debe a Enrique Menéndez Pelayo y a Juan Ramón Jiménez, como en general toda mi poesía de adolescencia.

A la que pertenece igualmente la poesía de Iniciales, libro donde recojo lo más significativo, y apuntador de mi futuro, de entre mis ensayos primerizos. Antecede en esta Antología al Romancero puesto que por alguno había que empezar y lo representan dos poesías diversas. La primera es la más reveladora y sirve por su aire de principio de

19

cuento para iniciar, como verdadera inicial, una guirnalda de poesía ilusionada. En este caso, desilusionada. Es el desengaño, el vacío, el que me hace poeta, pero para que llegue el agudísimo dolor del desvío, verdadera tragedia que me imprimirá carácter, justamente el día que cumplo mis veinte años, primero tuvo que venir el advenimiento milagroso del amor.

También anda el amor asomándose y escondiéndose por los versos de mis paráfrasis románticas de los Nocturnos de Chopín. Digo lo mismo de mis libros creacionistas, con su «pre» y su «post» dentro del mismo ciclo e intención semejante. En rigor el más auténtico creacionismo persigue una poesía objetiva, incompatible con la confidencia amorosa. Pero el amor es el motor de todo, y aun no reconocible a primera vista, más de una vez mueve la figuración constelada de Imagen, de Limbo o de Biografía Incompleta. Lo que sí es interesante consignar es mi incapacidad para la poesía, si poesía puede llamarse, negativa o de odio. Sólo como brote de un humor vital e irresponsable puede metamorfosearse en poemas de arranque creacionista y aspecto exterior en algún caso sobrerrealista. Por lo demás son muy contados y el posible malhumor está neutralizado desde su germen al convertírsele en impulso esteticovital y objetivársele. «Yo nací para amar y a nadie odio» exclamo en un soneto Perdón es el olvido de mi libro La Rama, soneto escrito ante la acusación que se me hacía de persistencia en una actitud aparentemente hostil frente a alguien. Canto de liberación de algo que me pesaba y atormentaba.

No es todo poesía de amor la de Versos Huma-
nos, *libro misceláneo pero sí una importante pro-*
porción de su contenido. Aquí se reproduce, como
puede deducirse del número —que guardo— de
cada canción, en minoría, pero basta para la selec-
ción. De las dos glosas pongo la segunda, menos
conocida que la primera. Y prescindo de un poema
en sonetos Teoría, *que es mi primer ensayo de*
poetización de la llegada del amor, de la esgrima
de miradas y ocultamientos, poco feliz a mi jui-
cio de hoy en comparación con otras soluciones
posteriores al mismo motivo.

Con Versos Humanos *y antes con* Iniciales *em-*
piezan los libros de poesía varia, libros en los que
el amor hace su aparición escasa o frecuente pero
no obligada. Tal el libro de Soria *de cuyo conteni-*
do completo en su segunda edición elijo algunas
poesías de amor. La mención de Antonio Machado
es obligada y justa en cuantos han escrito de este
mi libro, pero sin negar, sobre todo en el primer
cuaderno de estampas y efusiones, mi voluntario
recuerdo y homenaje, me parecen más visibles las
sombras de «Azorín» y de Unamuno y en los ver-
sos de amor la de Pedro Salinas. Algunos ejemplos
pueden acreditarlo, si bien confieso que hay más
de mí mismo que de nadie.

Esto mismo digo a propósito de mi Alondra de
Verdad. *Y sin embargo, ¿podría yo haber escrito*
Cumbre de Urbión *sin mi devoción por don Mi-*
guel? De este libro, todo de sonetos sobre los te-
mas más variados, reproduzco los amorosos. Uno
de ellos, Insomnio *—1930—, ha tenido suerte.*

Es una de mis raras repentizaciones (yo tengo «oscuro el borrador y el verso claro») escrito en la desesperación de un insomnio que no quería aflojar su presa. El soneto parece que tiene un defecto, a juzgar por las interpretaciones que ha suscitado. No acerté a sugerir con claridad la situación del poeta, que no está junto al sueño de la amada, sino cerca de la prohibida, pero en otra calle próxima y la sabe durmiendo inculpable y confiada, bien ajena a mi insomnio febril. En el fondo importa poco. El poeta ha de resignarse a que sus poemas se le escapen por esta o la otra tangente. A mí me gustan también otros sonetos de esta «serie» —separados entre sí por años de distancia— como Distancia, como Antípodas (Francia-Oceanía) y singularmente el muy tierno Sucesiva —1935—. En esta poesía se suma a la emoción del más puro amor la intuición del tiempo, una de las constantes de mi pensar y mi sentir poético, y dentro del ser del tiempo el de la música que nada en su seno, que le realiza y le salva. Creo que es ésta una de las claves fundamentales para unificar y ahondar mi poesía. ¿La palabra en el tiempo? Sí, pero el tiempo a su vez se anega y hasta se anula en la palabra. Es poder del poeta —y de muy raros espíritus esenciales aunque no sientan la vocación del arte, pero sí, por ejemplo, la vivísima fe religiosa— la instante y substante actualización del tiempo, su reducción a las dos solas dimensiones (o tres, si contamos como una más al tiempo mismo), el paso del diacronismo a la presencia simultánea, esto es, el idéntico plano de la música. En mi poesía —y mucho antes, en mi experiencia de vida— esto ad-

quiere evidencia con los más variados motivos. Dentro del amor, el soneto Sucesiva *tiene su precedente —muy distinto por otra parte— en la canción 21,* Mujer de ausencia, *de* Versos humanos. *En diversos poemas míos de origen musical o en que se canta a la música se entra a fondo en esta vivencia. Y en romances como* Dicen que ya estoy maduro *o poemas como la* Égloga *de Antonio Bienvenida reaparece bajo distintas transparencias de imágenes. Sin salir de nuestro tema, en este mismo libro puede el aficionado a la metafísica de la poesía comparar* Sucesiva *con* Psique, *de* Amazona, *en que además el tiempo se hace reversible, que es otra forma de cerrarle el ciclo o con* Rondel, *de* Paisaje con figuras, *y aún dejo al lector la búsqueda por su cuenta de otras reapariciones de esta que llamaríamos, más que esperanza, porque la esperanza es la inmortalización del tiempo, fe, fe doble en Dios y en la Poesía.*

El libro Hasta siempre *es como una continuación de* Versos humanos. *Y en él se recogen composiciones amorosas, representadas en esta antología por algunos ejemplos muy diversos. La canción* Tu infancia *no deja de demostrar a su modo lo que acabo de decir:* «Pídele a Dios que nos desande el tiempo.» *Compárese también con «Por mucho que contigo viva», de* Amazona, *aunque tras una apariencia de paralelismo, la emoción del tiempo es muy distinta en ambas canciones. Sincerísimas una y otra, juegan muy seriamente con un tiempo elástico y reversible, acelerado o retardado a voluntad de amor.* Capricho *es eso, un capricho, una fábula mitológica revivida y la volu-*

23

bilidad virtuosa de su verso me parece, por espontánea y como dictada al oído por el juego de las cascadas, inevitable y justa. Luego señalaré otro poema en que la clásica mitología sirve de sustentación al brindarme la vida, la maravillosa vida, la fábula misma repetida para mí solo.

El título La Sorpresa *para mi «cancionero de Sentaraille», aldea de Francia donde me casé y paso mis vacaciones de verano —en ella estoy escribiendo— alude a la sorpresa verdadera de un libro dejado como presente sobre la mesa y de cuya composición y estampación la sorprendida no tenía la menor noticia. Eran contadísimas las personas cómplices y guardaron muy bien el necesario secreto.* La Sorpresa *no es mi* Bonne Chanson, *porque yo no soy Verlaine ni, Dios sea loado, he publicado, ni siquiera escrito, poemas licenciosos ni escandalizado a nadie. Alguno pensará que ha sido lástima, porque tal vez crea que para ser poeta hondo hay que vivir intensamente la vida del vicio y del desastre y que sin haber sufrido hambres, desesperaciones, cárceles y angustias de muerte o sin haber sido borracho, invertido o criminal le falta al poeta lo esencial de su formación. No niego yo que el verdadero poeta pueda sacar de tales desventuras o desequilibrios, como del asomarse a los abismos de la locura, las iluminaciones súbitas que su genio puede transformar en palabras de fuego y en ejemplos, por activa o por pasiva, para edificación de sus semejantes; pero me niego a admitir que sea necesario. Y si mi poesía no es lo bastante cálida, será defecto mío como hombre y como poeta, independien-*

24

temente de lo que la vida me haya legado al nacer y enseñado después. Lo que pasa es que seguimos sintiendo como hijos y nietos de románticos y hasta el más aburguesado de nuestros artistas hará lo posible por presentarse como peligrosísimo rebelde y sentar plaza de espíritu maldito. La mascarada que nos rodea es hilarante.

Y de pronto, un modesto poeta se pone a hilvanar una serie de breves canciones de amor conyugal, desde el Sacramento mismo y el viaje de novios hasta la paz del huerto familiar o la venida bendita de los niños, o, como diría Boscán, «muchachos que nos hagan ser agüelos». La Sorpresa está reducida aquí a su tercera parte y aún algo menos.

Libro de los arbitrarios, que es como es y pudo ser de otro modo y con otro título porque no hay más hilo que reúna sus piezas que el elegirlas de entre poemas líricos de cierta extensión, es Paisaje con figuras. En el centro del libro y como intermedio y descanso, se inserta un Cancionerillo de Astorga al que pertenece el antes mencionado Rondel, que prolonga la poesía de La sorpresa. Y al final del volumen se incluye un poema, Segundo sueño, que es, pienso, uno de los más importantes (para mí, por supuesto) de toda mi poesía. Este poema lo hice respondiendo a un encargo de la Academia que había de celebrar, en verso y en prosa y sesión solemne, el centenario de Sor Juana Inés de la Cruz. El otro poeta comprometido, Vicente Aleixandre, se excusó a última hora y quedé yo solo para dialogar en endecasílabos con la *monjita mejicana. El «a ti» está, pues, bien presente y no faltan en el poema continuas alusiones a su vida y poesía. Ella me inspiró el título y tema, mi* Segundo sueño, *que responde a su* Primero sueño. *El lector de este libro puede cotejar* Segundo sueño *con mi poesía* Sor Violante do Ceo, *otra religiosa poetisa y ésta portuguesa.*

Aparte lo que hay en Segundo sueño *de retrato de Sor Juana y de interpretación de su espíritu, es patente en él el canto del «non sum dignus» con que todo amante recibe maravillado al amor que llama a su puerta. Es este momento, único —único aunque en la vida se repita porque el amante siempre es el amante virgen, el amante que descubre el amor (véase también* El doble elegido *de* Amazona*)— el que he querido —ay, qué lejos está todo, el que quise— apresar, desmenuzar, iluminar, transfigurar en palabras, en melodía única. No sé si acerté, pero a mí me sigue emocionando y me contemplo en el lago de mi poema y me veo temblando de emoción y de rubor como la misma alma que exclama: «yo no soy digna, no, ya no soy digna».*

A algún lector o lectora escrupuloso le parecerá irreverencia aplicar palabras sagradas a signo y sentido profano. No lo pienso así ni siento remordimiento alguno. La identidad del único y verdadero amor en el mismo eje vertical, sea divino o humano, es una verdad dichosísima y nuestra más alta prenda de salvación. Que determinada tirada de versos de este poema como que otros poemas íntegros de este libro puedan interpretar-

26

se a lo divino sin cambiarles una letra, y no a la manera —ésta, sí, tantas veces irreverente— de nuestros Córdobas y otros travestidores del XVI, es la más pura demostración de cuanto decía al principio de estas páginas, de mi ingenuidad y mi «directness» en poesía que por ventura a veces me brinda estos premios incomparables.

Y con esto entramos ya en el ciclo de libros totalmente amorosos, poesía de madurez que resucita con tantos años de distancia el que idealmente formarían los de juventud. Son cinco: Amazona, Amor solo, Sonetos a Violante, Canciones a Violante y Glosa a Villamediana. Segundo sueño, por muchos motivos, debía formar parte de este ciclo.

Amazona es un libro de poesías amorosas, muchas de ellas breves, que represento aquí de modo un tanto arbitrario porque no estoy seguro de que sean las mejores de las treinta y dos. Pero sí dan idea proporcional de su intención y variedad. El lector puede encontrar alguna contradicción en los conceptos poéticos del amor, pero de esta contradicción están no sólo los poetas sino los amantes llenos, y la vida nos está siempre peloteando y obligando a abandonar posiciones, aun las que nos parecían más seguras. El Amor en la mano prolonga todavía el clima de las canciones de Versos humanos, y en esta y otras poesías del libro hay parentesco ideal con La sorpresa. En otras, como Amazona, la pasión ardorosa quema los versos y proclama la alta temperatura que en estos años de increíble fecundidad va a alcanzar mi poesía. Las Soleares preludian mi vena andalu-

za o jándala, aunque al pie de la letra sean más cántabras o catalanas que otra cosa.

La poesía de circunstancia, nacida de un choque fortuito con un suceso vital, me va sugiriendo de modo para mí mismo maravilloso el poema en cuatro cantos, Psique, *otra de mis claves, a la que antes me vi precisado a aludir. Primero fue un soneto simplemente, creo que uno de los más apasionados y perfectos que he escrito. Todo parecía que iba a quedar así. Mas, de pronto, surgió la visita de* Psique, *descrita minuciosamente y con fidelidad honrada de cronista —«oh rigurosamente histórica» llamaré a la mariposa en el último canto—. Pero antes de llegar a él y todavía sin pensar en que estaba creando los cuatro tiempos de una sonata poética, de un eterno retorno y planificación del tiempo, sobrevino una segunda visita de la astuta mariposa. Y hube de escribir las estrofillas «almorávides», esto es, invasoras como oleadas, de la parte o tiempo tres. Ya no quedaba más que la forzosidad de un cierre simétrico en que la reversibilidad de la metamorfosis, con la restitución de mariposa a labios, clausurase el teorema o poema. Así se hizo, sin voluntad mía podría decir,* Psique. *Y su emoción total, lo que en él se canta conscientemente, lo que desde el principio movió mi psique y mi pluma es la identidad del amor y de la muerte. Y el símbolo del beso en la sien, rigurosamente histórico, donde se abren su rosa los suicidas. Explicar el trasfondo de todo esto sería ya un abuso de confianza y conviene que quede en el más sobrecogedor de los misterios. Todo, todo es auténticamente real y vivido.*

Amor solo *es el libro, juntamente con los* Sonetos a Violante, *más abundantemente representado en esta antología. Aproximadamente la mitad de ambos libros me he visto obligado a reproducir para poder dar de ellos una imagen suficiente. El título, como en* Amazona, *le viene al libro de un poema aislado, lo mismo también que en* Glosa a Villamediana *o en otros libros míos. Esta vez, sin embargo, tiene un sentido más hondo porque, en primer lugar, yo no lo supe hasta que escribí ese poema, como cierre del libro, el más inesperado para mí mismo. Y luego me di cuenta del efecto, por así decirlo, retroactivo, que el título imprimía en los ilusionados poemas que le precedían. Este libro ha sido el más rápidamente escrito y por ello el de mayor unidad de los cinco.* Amor solo, *según se explica en el poema final, es «solo» sin acento, adjetivo y no adverbio. Es muy importante esto para comprender el alcance del libro. El cual viene a ser, al cabo de los años, como una reviviscencia del* Romancero *inicial. Y si se me apura un poco, diré que con más ingenuidad, más adolescencia y candor que en el canto a la primera novia. Nada importe que el poeta se haya hecho más diestro y se mueva con más desenvoltura entre los ritmos y tonos más variados, siempre procurando la máxima adecuación al genuino sentimiento inspirador. Si hay un Bécquer en mí, será el de este libro. Cierto que en uno de sus sonetos me superpongo o subpongo a Lope y en él me encarno, o viceversa. Pero mi sentido de poeta del amor más me arrima al de Bécquer y casi pude decir a la amada: «Porque Bécquer soy yo, ¿no lo sabías?» Vuelvo a repetir. No es manía de grandeza. Sé muy bien que ni soy Lope ni soy Bécquer. Tómese esto como señas de identidad, no como otra cosa.*

Siento particular cariño por todas las poesías de este mi Amor solo. Y quiero citar sólo una, el soneto Tuya, mi soneto predilecto hoy por hoy, que nació también de un insomnio y con la misma infalibilidad. El final, si puede sorprender al lector u oyente, a nadie le sorprenderá tanto como al mismo poeta cuando «alguien» se lo dictó, sin saber él mismo adónde le llevaban los trece versos precedentes. Amor solo, poema final, es uno de los más terribles y sustanciales que yo he escrito. En él se aborda una metafísica del amor, que a su modo anula también el tiempo, pero esta vez bajo el signo de la absoluta negación y soledad. ¿Poesía mística? No era ésa mi intención. Y sin embargo...

Y siguen los dos libros a Violante, en rigor uno solo, al entreverarse en ideación y composición las canciones con los sonetos. Iban éstos por el número 11 cuando vi la necesidad de salir del molde —tan grato, por otra parte— para expresarme con la máxima libertad. Y ¿quién es Violante? Varios sonetos y algunas canciones intentan averiguarlo porque yo mismo no lo sé. Algunos auditorios íntimos en diversas ciudades de distintos países me han oído exponer el mito de Violante, tal como se me presenta. Violante, según el resultado de mis investigaciones, no es precisamente la amante, ni la amada, ni la novia, ni la esposa, ni la musa, ni el eterno femenino. Quizá de lo que tenga más, en la posible relación inagotable de la mujer con el hombre, es de hija, de criatura del poeta. A esta hipótesis ayuda la escandalosa altura a que han llegado mis años, que me hace sentir el peso de ellos y me inclina a una ternura confidencial cuando quiero actualizar, «presentizar» toda mi pretérita vivencia y emoción de amor o, como diría mi Medinilla, «las palabras a Amor y los amores». Las palabras y los hechos, los trabajos y los días, los contactos y los sueños. Todo presente gracias al don del poeta que es justamente el mantener a voluntad, vivo y fresco, el sentimiento como si naciese en este mismo instante.

Por lo demás, claro está que si yo bautizo a mi creado ser mitológico «Violante» es como homenaje a Lope, inventor de Violante, aunque su famoso soneto apareciese, para despistar, en tono de burla y en boca de gracioso de comedia. Violante es la mujer que pide al poeta un soneto y que lo pide a bocajarro y cuando nada hacía presentirlo. Es el momento en que se despoja de su antifaz y aparece su verdadero rostro de Violante y la creación del poeta se desencadena y ella misma queda colmada, náufraga ya o ya emergente y nadadora en un mar de sonetos y canciones.

No importa que Violante no exista o pueda no existir en carne mortal. Así lo han sentenciado algunos exégetas que la creen ficción. Porque ¿quién no lo recuerda? También Antonio Machado, que tuvo su Violante o algo muy parecido, dijo para siempre:

Todo amor es fantasía;
él inventa el año, el día,
la hora y su melodía;
inventa el amante, y más,
la amada. No prueba nada,
contra el amor, que la amada
no haya existido jamás.

Sobre cuya teoría abrigo mis reservas. *La me-
terótica del amado de Guiomar no puede ser la
misma del creador de Violante. Hay por medio
una fe religiosa y, por lo tanto, una creencia en
la realidad de los cuerpos y en su destino trans-
figurador. Y a propósito de esto, léase el soneto
Mano en el sol, acaso el más profundo y en donde
mejor se ve por una parte la infantilidad de Vio-
lante y la paternalidad de su poeta y, por otra, su
fe en que ya en este mundo, en esta vida, podemos
vislumbrar la gloriosa resurrección de la carne.
Y compárese con Ángeles de Compostela, espe-
cialmente con el cuarto canto de El viaje. Véase
asimismo el soneto La falta. Y no señalo más.*

La ventaja de la forma soneto que tanto chifla
a Violante es clara. *Digamos de paso que la me-
jor definición de Violante es la chiflada por la
poesía. La ventaja de la forma soneto es que edi-
fica y tornea hasta conseguir la melodía revelado-
ra —«mi melodía en que mi ser revelo»—. Y so-
netos como La Venus del espejo pueden acredi-
tarlo al atacar por la espalda y con la complicidad
de una pintura soberana el tema del amor y la
muerte, que me acosa, me «hante» como a tantos
otros poetas. La ventaja de la forma libre de la*

canción es que permite el vuelo, la sinuosidad, el quiebro, la divagación, la hermosa libertad de la esperanza, para decirlo con uno de sus versos. Violante, que quiso un soneto y tuvo treinta, hubo de reconocer que ciertas intimidades, ciertos secretos suyos, de ella misma desconocidos, sólo podían aflorar gracias al buceo en los abismos maleables del ritmo. Y la cuestión del espiritual incesto presentada en esquema en los sonetos, se aclaraba y justificaba en las silvas con licencias de las canciones. Una de las más breves, Me estás enseñando a amar, *es como el catecismo del niño amor, válido para todos los amantes de Violantes o de mujeres o musas de cualquier nombre ideal o real. Catequesis en que una niña sabrá siempre mucho más que un varón maduro.*

Y con Glosa a Villamediana *concluye este libro y hoy por hoy mis libros ya terminados y publicados de amor, porque ésta es una selección de obras impresas, no de obra inédita. Una glosa presenta dos dificultades. La más obvia es la de hacer terminar cada estrofa con cada uno de los versos sucesivos del texto elegido. Para que los empalmes se logren con naturalidad, de tal modo que nadie pudiese adivinar la glosa, hay que aguzar la técnica y el ingenio. Y no sólo el ingenio sino la emoción, si se pretende alcanzar un auténtico nivel de poesía. Pero la otra dificultad es la mayor. Es la de construir el poema con arreglo a un pensamiento o imagen presidente que se va desarrollando y aclarando y ahondando a lo largo de todas las modulaciones y peripecias de las etapas. Esto es lo que pretendí con mi* Glosa a Villamediana. *Como en* Segundo sueño, *al cual sigue en fecha, rindo un homenaje a un gran poeta, siempre querido por mí desde mi primera juventud. ¿Qué mejor homenaje que una glosa que obliga a desposar todos los giros, los matices, las luces y magnetismos de un texto ardiente y purísimo? Yo no conozco soneto de gradación más sublimada, de expresión más desnuda y de emoción autoprofética más fatal que el por mí elegido y por mí señalado por vez primera en las páginas de una revista erudita como trofeo máximo de mis búsquedas de lector enamorado de poesía. Debía yo a don Juan de Tasis este tributo.*

Pero no es sólo al Conde a quien se lo debía. Se lo debía, más cerca, a la luz de la mirada femenina, así, con artículo determinado, porque la revelación de esos fuegos es siempre la misma y siempre nueva. En este poema, obligado por contagio de la fuente a un cierto neoculteranismo y exquisitez ante la dificultad de traducir a palabras lo más inefable, vuelve a poetizarse como en Segundo sueño *y en otros poemas míos la maravilla del advenimiento del amor en el brillo de unos ojos que miran, que me miran.* Advenimiento *es el título del primer poema de* Amor solo. *Y desde* El encuentro *del* Romancero *hasta la* Glosa, *el camino es largo, pero la sensación y la sorpresa incrédula y la gratitud dichosísima las mismas. El peligro de toda paráfrasis, la pérdida de intensidad al aguar el alcohol y rebajarle grados, hubiera querido superarlo. No quise rivalizar con Villamediana: vano empeño. Mi verso se encarnizó en el milagro de la luz de unos ojos y en desentrañar-*

34

lo, siguiendo aparentemente las imágenes del modelo y en rigor una órbita de trazo mío propio y de pura naturaleza musical.

Al poema ambicioso siguen en el libro otros de los que elijo una pequeña parte. Me interesa únicamente señalar el último, que es también el final en este libro: El tiovivo. Otra vez la presentización de toda una vida y de todo un amor de amores. Y no para una conclusión de renuncia y soledad, sino para una nostalgia de felicidad y de niñez, apoyado no sólo en el giro de los caballitos sino en la musiquilla del órgano que tan de veras me restituye a mi infancia. Y el tiempo queda otra vez abolido, en movimiento pero circular, repitiendo a su turno caras, trenzas, manos cerradas apretando las monedas del pago o crispadas sobre crines rebeldes a la doma. Y siempre el pasodoble elemental y las luces de la feria de la alameda en infinita perspectiva y el engaño perpetuo y el sueño de la vida y del amor. Al terminar este libro con El tiovivo se cierra también un ciclo que se iniciaba con la pregunta en boca de la incomprensiva: «¿Eres poeta? Sueña. ¿Qué falta te hago yo?» Contemplando el tiovivo, el mismo de su niñez, el poeta responde: «Sí que me haces falta. Por ausencia o por presencia gracias a ti la poesía existe.» Y sus musas me sonríen, huyéndome y llegándome siempre desde sus monturas.

Sentaraille, agosto, 1964.

NOTA
PARA LA SEGUNDA EDICIÓN

El libro, un libro, mientras su autor exista, sigue viviendo. En la primera edición —1965— elegí de mi poesía amorosa solamente una parte de lo publicado en libros ya aparecidos, prescindiendo de algunas poesías abandonadas. *Repasando papeles, y cotejándolos con otros escritos después de esa fecha, pensé en que había, con un poco o un mucho de benevolencia por mi parte, una posible colección que podría disculpar un nuevo libro. Y —de fechas muy distantes, de las que sólo puedo precisar la de algún último texto (1969)— fui poniendo en orden papeles viejos y nuevos y eligiendo de entre ellos unos cuantos. Y ahora los incluyo en esta nueva edición, siempre con carácter, no exhaustivo sino antológico. Pero había que ponerle al nuevo librillo un nombre, sin el cual ni Don Quijote ni yo hubiéramos quedado sosegados. Qué difícil es encontrar nombre de pila. Al fin, surgió.*

Invenciones a dos Voces. *Invenciones parece*

—y es— un título de *Juan Sebastián Bach*. *Bach* llamó así a unas piezas polifónicas a dos voces solas para clavecín y uso de principiantes. A pesar de su sencillez esquelética son riquísimas de sugestión profunda y nada digamos de su maestría y de su valor docente y práctico para el teclado. Me gusta dejar así en forma simple de título de un libro disimulado mi homenaje al *Gran Cantor*. Pero mis versos ni son *Canto Grande* ni aspiran a ningún valor pedagógico y menos musical. Aunque la música aparezca varias veces en ellos. Es una sencilla casualidad la que me ha llevado, sin yo darme cuenta, después de rechazar varios títulos que me acosaban, pero que no acababan de convencerme, a decidir que el nombre natural del novel libro, al que pertenecen, entre otras que quedan inéditas para una posible edición completa, las poesías que casi cierran esta prolongada Antología, debía ser éste de Invenciones a dos Voces.

Uno de los títulos pensados y luego abandonados era el de un «Diván» más o menos oriental o goethiano. O, si se prefiere, lorquiano. Pero tanto eco ilustre amenazaba la sencillez de mis invenciones. Porque invenciones o inventos puede significar simplemente hallazgos o experiencias en busca de un fin acaso no del todo definido. En todo caso, lo que sugiere inmediatamente es el espíritu de invención, de imaginación.

Mi serie poética —ya lo he dicho— no nació de golpe ni siquiera como tal serie. Ha resultado a lo largo de varios años, y las experiencias o los sueños que lo informan de muchos más, de toda mi vida. Al llegar a la vejez todo se superpone, el pasado juvenil, adolescente, infantil se adelanta y

*se revive. Lo de un ayer inmediato se retira hacia
un fondo discreto. Y el poeta mismo ya no sabe si
vivió o soñó. De cualquier modo al revestir su
emoción anímica de forma poética, inventa o vuel-
ve a inventar. Es la imaginación y naturalmente el
sentimiento la que dispone, propone y la inteligen-
cia la que concluye.*

*Invenciones, pero a dos voces. Todos mis li-
bros de poesía amorosa son más o menos inven-
ciones. Pero en ellos el poeta monologa o dialoga
sin que se escuche la voz femenina de réplica. De
pronto, cuando ya tenía reunidos unos cuantos
poemas, se me ocurrió lo del coloquio. Que ella, la
inventada amada, contestase a mis confesiones y
a veces por el mismo cauce estrófico, aunque esto
no era necesario ni conveniente en los más de los
casos. Claro está que si soy yo el que invento la
parte del personaje «Yo», con más motivo tengo
que inventar lo que replica el personaje «Ella». La
unidad de estilo es absoluta y yo no he querido
disimularla, aunque haya deseado ponerme en el
punto de vista de la mujer, que es lo que pedía
Saint-Saëns a sus discípulos pianistas varoniles
para dar calor y sentimiento a sus intepretaciones.*

Todavía posterior a las Invenciones a dos Vo-
ces *acaba de brotarme este para mí mismo impre-
visible librillo* La Fundación del Querer *pidiendo
vía urgente. Y ha habido que dársela a los pocos
días de terminarlo y semanas de concebirlo e ini-
ciarlo.* La Fundación del Querer *es, por hoy
—1970—, mi benjamín y de su edición en «La Isla
de los Ratones», la colección que dirige Manuel
Arce en Santander, elijo unas cuantas muestras,*

41

suficientes para dar idea del romancero. Porque se trata de un romancero, aunque por el tono y el tema más bien se parezca a La Sorpresa. *Ha sido también otra sorpresa para la misma destinataria y para toda nuestra prole, ya desarrollada en dos generaciones, y nada tiene de extraño que lo haya sido si lo fue, como acabo de decir, para su progenitor que nada barruntaba hasta que un verso de cantar popular, «la fundación del querer», le sugirió esta modestísima ofrenda de amor, de recuerdos revividos, de vida transmitida a hijos y nietos. También sin darse cuenta al principio, iba encadenando los breves romances. Cada verso final servía de arranque al siguiente. Y al advertirlo, ya continuó sistemáticamente. No me es posible juzgar estos versos. Están para mí más acá de todo juicio. Reproduzco los primeros romances y las* Soledades *que cierran el libro.*

Madrid, 1970.

INICIALES
(1918)

ERA UNA VEZ

ERA una vez un hombre que amaba a una mujer.
El hombre era poeta y ella no lo sabía;
apasionadamente le amaba. Le atraía
su profunda mirada, su terco enmudecer.

Y en una noche íntima, sin poder contener
su ardor, habló por fin: —«Tu amor, amada mía,
prendió en mí la celeste llama de la poesía.
Oh, qué maravilloso poema voy a hacer.»

Cuando después sus versos le recitó el poeta,
ella, que le escuchaba pensativa e inquieta,
sonrió amargamente y, lenta, se alejó.

Él la miraba atónito: —«¿Por qué me dejas, di?»
Y sin volverse, lejos, le contestó ella así:
—«Eres poeta... sueña. ¿Qué falta te hago yo?»

ABANICO

CUIDA tus alas, abanico,
cuando abaniques a tu dueño.
No te aproximes demasiado
que yo ya sé que no hay remedio.

No la refresques, no la airees,
aviva más el dulce fuego
y broten férvidas las chispas
y crezca múltiple el incendio.

Cuida tus alas, abanico,
revolotea en cauto cerco,
que ni en tus plumas va la brisa
ni entre tus garras vuela el céfiro.

Y cuando un día, envejecido,
sobre sus manos caigas muerto,
rotas tus alas temblorosas
y desgarrado al fin tu pecho,

que ella te guarde compasiva
en el altar de los secretos
junto a unos pálidos retratos,
entre unas cartas y unos versos.

Y entonces sí. Y entonces calma
su sed con brisas de recuerdos
que agolpen brumas en sus ojos.
Y agua de lluvia manen tiernos.

EL ROMANCERO DE LA NOVIA
(1918)

ELLA

¿NO la conocéis? Entonces
imaginadla, soñadla.
¿Quién será capaz de hacer
el retrato de la amada?

Yo sólo podría hablaros
vagamente de su lánguida
figura, de su aureola
triste, profunda y romántica.

Os diría que sus trenzas
rizadas sobre la espalda
son tan negras que iluminan
en la noche. Que cuando anda,

no parece que se apoya,
flota, navega, resbala...
Os hablaría de un gesto
muy suyo... de sus palabras,

a la vez desdén y mimo,
a un tiempo reproche y lágrimas,
distantes como en un éxtasis,
como en un beso cercanas...

49

4 - 2870

Pero no; cerrad los ojos,
imaginadla, soñadla,
reflejada en el cambiante
espejo de vuestra alma.

EL ENCUENTRO

ERA una noche triste,
una inclemente noche de febrero.
Cruzaba yo las calles
a solas con mi tedio

mientras la lluvia sin cesar caía
desde lo alto del cielo.
Ya las devotas, presuroso el paso,
regresaban del templo.

¿Vendrá? No sé por qué te adivinaba
cubierta con tu velo,
atravesando rápida la calle,
envuelta en tu capote ceniciento.

Así nos encontramos de repente.
Mi corazón dio un vuelco.
El repique sonoro de las gotas
jugueteaba en los paraguas negros.

Tus ojos se encontraron con los míos.
¿Qué relámpago audaz, qué centelleo
brilló acaso un instante
el compás de mi pulso deteniendo?

¿Qué querías decirme?
Dios mío ¿qué era aquello?
...Y al seguir mi camino
ya era todo distinto, todo nuevo.

Soñando, sin querer soñar, soñaba,
el alma temblorosa de deseos...
Así mi amada fuiste para siempre
una noche lluviosa de febrero.

EL PASEO

EL paseo en la Gran Vía.
Los espléndidos sombreros.
Ilusiones en los ojos.
Blancas flores en el pecho.

Oh, tu furtivo mirar
bajo el ala del sombrero.
Oh, tu florida sonrisa
prometiendo y concediendo.

Y aquel gesto inolvidable,
y aquel aleteo trémulo,
y aquella aguda saeta
toda de burla y «te quiero»...

Oh, el paseo en primavera
bajo los árboles nuevos,
con la ilusión en los ojos.
...y el corazón en el pecho.

EL AMOR

¡OH, noche blanca y mojada;
oh, noche de primavera!
treinta de mayo; ya hay flores,
ya hay golondrinas; ya tiemblan

en las ramas de los árboles
las hojas verdes y nuevas,
ya está el ambiente aromado
de rosas y de azucenas,

de caricias y de besos,
de agua, de sueño y de seda.
Treinta de mayo: la Madre
del Amor Hermoso... Deja,

deja que llora la noche.
Esta lluvia mansa riega,
satura, embebece, esponja
al alma arrugada y seca.

Y con ella estrujo y huelo,
aspiro y sorbo con ella
el perfume de los campos,
el aliento de la tierra,

la remojada fragancia
de todas las flores nuevas,
y sobre todo, me ha dicho
que *sí* tu boca de estrella.

Eres mi novia, mi novia...
palabra divina. Suenas
a música, a luz, a labios,
a corazón, a pureza.

Ya no son sueños mis sueños.
Ya no son penas mis penas.
Ya es todo bueno, ya es todo
aurora, ya es todo fiesta.

Ya la rosa de mi alma
se abre a la luz de la estrella.
Treinta de mayo: ¡celestes
alas de mi primavera!

LA DESPEDIDA

AQUEL día —estoy seguro—
me amaste con toda el alma.
Yo no sé por qué sería.
Tal vez porque me marchaba...

—Me vas a olvidar —dijiste—.
Ay, tu ausencia será larga,
y ojos que no ven... —Presente
has de estar siempre en mi alma.

Ya lo verás cuando vuelva.
Te escribiré muchas cartas.
Adiós, adiós... —Me entregaste
tu mano suave y rosada,

y, entre mis dedos, tu mano,
fría de emoción, temblaba.
...Sentí el roce de un anillo
como una promesa vaga...

Yo no me atreví a mirarte,
pero sin verte, notaba
que los ojos dulcemente
se te empañaban de lágrimas.

Me lo decía tu mano
en la mía abandonada,
y aquel estremecimiento
y aquel temblor de tu alma.

Ya nunca más me quisiste
como entonces, muda y pálida.
...Hacía apenas tres días
que eran novias nuestras almas.

VERSOS HUMANOS
(1919-1925)

VOCACIÓN

YO te invité a bailar. Y tú sumisa
te colgaste indolente de mis brazos.
Y estrechando sus giros y sus lazos
nos unía una rítmica precisa

en un latir confuso de regazos.
Grave, muda, ibas tú; ni una sonrisa,
ni una sombra en tu frente, clara, lisa,
ni una presión gradual en tus abrazos.

Y yo pensaba entonces: alma, instinto:
y añadía: mujer. Y te auscultaba
tus trémulas, secretas voluptades.

Pero no era eso, no. Era distinto.
Era que tras tus ropas palpitaba
un casto anhelo de maternidades.

GLOSA SEGUNDA

COMO la brisa del mar
que, aunque tú no lo presumas,
secretos de las espumas
te pretende confiar.
Como la lumbre lunar
sin que de ello te des cuenta
en tus ojos se aposenta,
así mi luz y mi brisa
en tu mirada se irisa,
bajo tu cabello alienta.

Con secreta pluma el ave
diáfanas jornadas vuela.
Su cantar nos la revela.
Cómo llegó nadie sabe.
Así de muda es la llave
—puerta de la pleamar—
con que la luna solar
abre a la noche su urna,
luna que en los cielos turna
como la brisa del mar.

Turne la luna en sus fases
y las brisas en sus rosas,
que mis ansias sigilosas
miden justas sus compases.
Sombra, no me las atrases.
No me las deis prisa, brumas.
Ritmos y hálitos rezumas

de mis soledades graves,
lo mismo si ya lo sabes
que aunque tú no lo presumas.

Ten el oído siempre alerta
a insinuaciones fugaces.
Nunca en ellas me rechaces.
Soy yo que llamo a tu puerta.
Yo el que con la mano yerta
de lejanías tan sumas,
mientras tus sueños esfumas,
te ofrece en senos de olas
fábulas de caracolas,
secretos de las espumas.

Piensas porque no me tocas,
piensas que ya no me tienes.
Sólo en los torpes rehenes
de mis prendas aún me evocas.
Una sola las dos bocas.
los ojos de par en par,
múltiple abrazo de mar
requieres. No me conoces
cuando mi culto sus voces
te pretende confiar.

Mujer de tan poca fe
que cree aquello que pesa,
que sólo admite la impresa
estampa que en sus ojos ve.
Y tú no sabes por qué,
pero un rastro singular
te hace sentir que a pesar
del espacio que desvía,

te asisto en la lejanía
como la lumbre lunar.

Todo eso que te circunda,
todo eso que te acompaña,
tu soledad aledaña,
tu ausencia muda y profunda.
Todo eso que te inunda
—aunque te juzgues exenta—
que te moja de violenta
espuma, mar en tu roca,
soy yo, que busco tu boca
sin que de ello te des cuenta.

Una impensada mañana
nuestro pájaro del pecho
envidia el álgido techo
que ve desde la ventana.
El libre vuelo devana
y el total afán intenta.
Y he aquí que se desorienta.
No sabe volver, ¿por dónde?
Y entre tus manos se esconde,
en tus ojos se aposenta.

Y ya no tiene remedio.
Mi jaula quedó vacía
y no hallo filosofía
que orne piadosa mi tedio.
Hay que intentar el asedio
al nido que se divisa
entre las ramas. Y aprisa,
porque así sólo se gana
mi pájaro y mi ventana,
así mi luz y mi brisa.

Desde entonces domicilio
nuevo he aprendido a mi vuelo,
domicilio paralelo,
dos celdas contra el exilio.
Alternativo, concilio
una y otra. Así indecisa
—derecha, izquierda— revisa
mi mirada su morada,
y volando atolondrada
en tu mirada se irisa.

Sólo es abrazo en resumen,
íntegra caricia y roce
la de la brisa en el goce
absoluto del volumen.
En esta fruición se sumen
todas las parciales. Lenta,
mi brisa tibia y sedienta
te abanica con el ala,
en tus perfiles resbala,
bajo tu cabello alienta.

CANCIONES

3

PONE al copiarte mi espejo
un poco de oscuridad.
El cielo es azul celeste
y azul marino la mar.

7

¿Por qué cuando te hablo
cierro los ojos?
Yo pienso en aquel día
en que tú me los cierres
—esperanza infinita—
a ver si mis palabras
—costumbre larga mía—
pueden más que la muerte.

17

Una a una desmonté las piezas de tu alma.
Vi cómo era por dentro:
sus suaves coyunturas,
la resistencia esbelta de sus trazos.
Te aprendí palmo a palmo.
Pero perdí el secreto
de componerte.
Sé de tu alma menos que tú misma,
y el juguete difícil
es ya insoluble enigma.

19

Quisiera ser convexo
para tu mano cóncava.
Y como un tronco hueco
para acogerte en mi regazo
y darte sombra y sueño.
Suave y horizontal e interminable
para la huella alterna y presurosa
de tu pie izquierdo

y de tu pie derecho.
Ser de todas las formas
como agua siempre a gusto en cualquier vaso
siempre abrazándote por dentro.
Y también como vaso
para abrazar por fuera al mismo tiempo.
Como el agua hecha vaso
tu confín —dentro y fuera— siempre exacto.

20

¿Una hora? No. Cinco minutos.
El minutero —cierto—
dio la vuelta al mundo.
Pero es que nuestra aguja
es el horario maestro en disimulos.
Abajo en su esferita
—aprisa, aprisa—
se mueren los segundos
para medir el tiempo
los doctores de pulso,
y para que tú cuentes
mis latidos copiosos y menudos.

21

Mujer de ausencia,
escultura de música en el tiempo.
Cuando modelo el busto
faltan los pies y el rostro se deshizo.
Ni el retrato me fija con su química
el momento justo.
Es un silencio muerto
en la infinita melodía.

Mujer de ausencia, estatua
de sal que se disuelve, y la tortura
de forma sin materia.

23

Lumínica pantalla.
Elaborada harina
del sol y de la luna
en la mecánica retina.
Luce la comedianta sus pestañas.
Y bajo tu sombrero
yo, entre las tuyas, miro en reverbero
la danza —diminuta— que fulgura
en la cámara oscura.

24

Siempre abiertos tus ojos
(muchas veces se dijo) como un faro.
Pero la luz que exhalan
no derrama su chorro en los naufragios.
Enjuto, aunque desnudo,
voy derivando orillas de tu radio.
Soy yo el que gira
como un satélite imantado.
Y dime. Esta luz mía —tuya— que devuelvo
¿a qué te sabe muerta en tu regazo?
¿Puede aumentar tu lumbre
este selenio resplandor lejano?

ALONDRA DE VERDAD
(1926-1936)

5 - 2870

INSOMNIO

Tú y tu desnudo sueño. No lo sabes.
Duermes. No. No lo sabes. Yo en desvelo,
y tú, inocente, duermes bajo el cielo.
Tú por tu sueño y por el mar las naves.

En cárceles de espacio, aéreas llaves
te me encierran, recluyen, roban. Hielo,
cristal de aire en mil hojas. No. No hay vuelo
que alce hasta ti las alas de mis aves.

Saber que duermes tú, cierta, segura,
—cauce fiel de abandono, línea pura—
tan cerca de mis brazos maniatados.

Qué pavorosa esclavitud de isleño,
yo insomne, loco, en los acantilados,
las naves por el mar, tú por tu sueño.

ALONDRA DE VERDAD

ALONDRA de verdad, alondra mía,
¿quién te nivela altísima y te instala
en tu hamaca de música, ala y ala
múltiples, locas en la aurora fría?

Tu ebria garganta canta, desafía,
charla líquido oro, abre una escala
de jubiloso azul, tu Guatemala
deshecha a borbotones de poesía.

Flores de alta meseta, tus pestañas
se abren en torno, incólumes y extrañas,
nuevas a las avispas del sondeo.

Ay, gorjeadora de mortal estilo,
quémame en chispas de tu centelleo,
mi de verdad alondra, alondra en vilo.

NIEBLA

¿TE acuerdas? Junto al mar, que restallaba
sus árboles de espuma vengadora,
cada instante más íntima, la hora,
al desmayar, nos sensibilizaba.

De puntillas, el faro atalayaba
tanta otoñal inmensidad sonora.
Él sólo vio acercarse a la invasora,
nórdica bruma hacia la costa brava.

Qué isla de niebla ya. Ceñía el mundo
—pálido estuche entre algodón vacío—
nuestro temblor de razas primitivas.

Solos, en el destierro más profundo.
El ciego mar, las rocas auditivas,
el aire inverosímil, tuyo y mío.

DISTANCIA

SIN verte, sin oírte, sin tocarte,
lejos de mí, dormida, no, despierta
—sueños acumulados—, y la incierta
postura y la indecisa voz y el arte

de ignorarnos los dos, ¿dónde encontrarte,
a través invisible de qué puerta,
a sorprender qué desmemoria yerta,
qué mirada ahogada de hastiarte?

Ajena de ti, ausente de ti, yaces,
flotas, del viento leve a la deriva
nube en los mares, y en los cielos, ola.

Fiel a ti misma, sin cesar renaces,
nueva a mi tacto, a mi deseo viva.
Yo, sin ti, oscuro y tú, allá lejos, sola.

FUGITIVA

AÚN con los gemelos se divisa
de pie, esbelta en la borda, tu silueta
—adiós—. Y cómo con tu echarpe inquieta
firma rúbricas ágiles la brisa.

Desde esta geografía tan precisa
a tu fábula imantas la veleta.
Ya se perdió invisible mi cometa
y aún su latir hasta mis manos glisa.

Y yo pienso en tus Indias, en tus lagos
y en tus volcanes —tu niñez florida,
tus ojos conjugando aguas y fuegos—.

Y allá te vas —te vuelves—, rumbos vagos,
flecha de oro por los aires ciegos,
mi alondra de verdad, desvanecida.

AMOR

DENTRO, en tus ojos, donde calla y duerme
un palpitar de acuario submarino,
quisiera, licor tenue al difumino,
hundirme, decantarme, adormecerme.

70

Y a través de tu espalda, pura, inerme,
que me trasluce el ritmo de andantino
de tu anhelar, si en ella me reclino,
quisiera trasvasarme y extenderme.

Multiplicar mi nido en tus regazos
innumerables, que al cerrar los brazos
no encontrases mi carne, en ti disuelta.

Y que mi alma, en bulto y tacto vuelta,
te resbalase en torno, transparente
como tu frente, amor, como tu frente.

ANTÍPODAS

VIAJERO austral, no miro a las montañas
ni al mar pensando en ti. En lo profundo
del planeta a mis pies mis ojos hundo,
hinco y tuerzo raíces soterrañas.

Corteza vegetal, prietas marañas,
calientes rocas, minas del trasmundo;
fuego o metal, del cáncer infecundo
buceo ya las lóbregas entrañas.

Ya por opuestas zonas voy abriendo
surcos de luz entre tinieblas densas,
proyectil del amor, alas plegadas.

Mas no puedo aflorar, trance tremendo.
Alerta, alerta, ¿me oyes? ¿En qué piensas?
Bajo tus pies, ¿no sientes mis llamadas?

SUCESIVA

DÉJAME acariciarte lentamente,
déjame lentamente comprobarte,
ver que eres de verdad, un continuarte
de ti misma a ti misma extensamente.

Onda tras onda irradian de tu frente
y mansamente, apenas sin rizarte,
rompen sus diez espumas al besarte
de tus pies en la playa adolescente.

Así te quiero, fluida y sucesiva,
manantial tú de ti, agua furtiva,
música para el tacto perezosa.

Así te quiero, en límites pequeños,
aquí y allá, fragmentos, lirio, rosa.
Y tu unidad después, luz de mis sueños.

RADIOGRAMA

QUE muero de impaciencia. A mí, sirenas,
náyades, ninfas, múltiple cohete.
Aquí, latitud norte, grado siete,
indio mar, meridiano de mis penas.

Abandonad alcázares, entenas,
fanales de fragata, que os promete
mi divino Camoens un grumete,
tatuaje carmesí y azules venas.

Socorred a esta nave de fortuna,
remoto caracol, torpe camella.
La adelantan la brisa, el sol, la luna.

Amor, ¿a cuántas millas, ay, tu estrella?
Pronto, de prisa, avante. Todos a una,
que aún no veo las luces de Marsella.

HASTA SIEMPRE
(1925-1941)

CAPRICHO

(Monasterio de Piedra)

LA piedra del monasterio,
el agua de las cascadas
y el viento que pierde imperio
entre las hojas mojadas
  (porque llueve
y el alma sedienta bebe),
toda la naturaleza
de memoria aquí te sabe.

Tu nombre está en la corteza
  rumorosa
de cada árbol —yo lo leo
aunque no haya quien lo grabe—.
Mi amiga la golondrina
lo riza y orla en su charla
sin que consiga situarla,
ni a ella ni a ti, mi retina.
Si vuelvo atrás la cabeza,
súbito, por sorprenderte,
se me extravía sin verte,
descarriada, la certeza.
Y esas agudas, esquivas

risas —¿risas?— resbaladas,
        fugitivas,
¿eres tú o son las cascadas?

Dime, ¿en qué fleco, en qué copo
        de agua fría,
en qué álamo, en qué chopo
de trémula argentería
se te quedó enmarañada
        tu mirada
que me destella y fulgura
        sus diamantes
        deslumbrantes
        de luz garza,
engañándome en la umbría,
huyéndome en la espesura,
burlándome en la clausura
        ciega y fría
de la roca o de la zarza?
Tu espalda cándida y lisa,
¿por qué abismos se despeña?
Y ese chorro que se irisa,
¿no es tu melena zahareña?

No juegues al escondite
con las Dafnes y Aretusas,
ni a fugas de semifusas,
ni a tocatas parabólicas
el prestísimo te incite
de las delicias eólicas.
Aunque en la mitología
        te arrebujes,
disuelvas y desdibujes,
fuiste y serás y eres mía.

No es mi mente quien te sueña.
Mi tacto te desempeña,
te palpa y te reconoce,
hoja o brisa, pluma o peña,
—ay, burladora burlada—
y goza tu leve
                    roce
                —breve
                        goce—
en el agua despeinada.

SI LA LUNA FUERA ESPEJO

SI la luna fuera espejo,
qué bien que yo te vería.
Si la luna fuera espejo
            —dámela,
            —tómala
y ponla en el cielo ya—,
cuántos eclipses habría.
Por tu culpa los astrónomos,
todos se suicidarían.

Y tenerte a ti muy lejos,
que poco me importaría
si la luna fuera espejo.

TU INFANCIA

Y tu infancia, dime, ¿dónde está tu infancia?,
que yo la quiero.
Las aguas que bebiste,
las flores que pisaste,
las trenzas que anudaste,
las risas que perdiste.
¿Cómo es posible que no fueran mías?
Dímelo, que estoy triste.
Quince años, sólo tuyos, nunca míos.
No me escondas tu infancia.
Pídele a Dios que nos desande el tiempo.
Volverá tu niñez y jugaremos.

LA LÁGRIMA

TÚ también —diosa— creas, a tu imagen
        y semejanza.
Ayer te dije, no sé cómo,
        una torpe palabra.
Tú te quedaste sola, grave, muda,
y creaste de tu nada
—oh mundo, imagen tuya temblorosa—,
        una lágrima.

LA SORPRESA

Cancionero de Sentaraille

(1941)

GESTO

A la brisa, a la abeja, a la hermosa
el rosal puede dedicar la rosa.

Al poeta, al grumete, a la doncella
la noche puede dedicar la estrella.

Si eres tú misma el rosal y las rosas,
la noche de mi verso y sus estrellas,
¿a quién dedicaré este breve cielo,
este arbusto, esta fuente, este desvelo?

TIEMPO NUEVO

TODO el tiempo nuevo
suspenso en el aire.
Las palabras santas
suben a buscarle.

Sílabas latinas,
átomos flotantes,
invisibles ruecas,
escalas de ángeles.

Todo el tiempo nuevo
pasa adelgazándose
por anillos de oro
que le ciñen guantes.

Nuestros son los soles,
las lluvias, las nieves,
los arroyos claros,
las esbeltas mieses,

olas que se rompen,
flores que se mecen,
brisas que suspiran,
y, en su rueda leve,

las constelaciones
que nos permanecen.
La palabra «nuestra»
nuestra para siempre.

Todo el tiempo nuevo,
flor de aura en el aire,
ya está bendecido
para que nos guarde.

Irá con nosotros,
invisible, unánime,
como vaina o túnica
de espadañas frágiles.

Quebrarán sin prisas
su zigzag errátil
dobles mariposas,
siempre a nuestro alcance.

Clara la mañana,
lavado el paisaje.
Las santas palabras
vuelan por el aire.

Velando sus armas
de nieve en el ábside,
santa Juana de Arco,
san Miguel Arcángel.

CORONA

QUÉ espuma de azahares orla el azul del cielo
y qué azul tan profundo y qué blanco tan tierno.
Qué tacto de palomas en el aire disuelto.
Los ojos de las niñas, qué lagos de misterio,
y qué ríos de leche cantan allá, a lo lejos.
¿Por qué en esta mañana todo, todo es tan nuevo
y es de nieve caliente la gracia del cordero?
¿Por qué pupilas vírgenes, atónitas estreno,
cuando de tu corona desprendes, leve, el velo?

TILO

EL tilo aquel de Santa Catalina
  en su compás de Siena.
¿No escuchas la cantiga cristalina
  que en su copa resuena?

Los ojos cierro en gozos de fragancia.
  Tilos de mi niñez.
Cómo salváis el tiempo y la distancia
  y estáis aquí otra vez.

Y ya en la pubertad, bajo el celeste
  azul, sobre la cal,
el que filtró mensajes del nordeste
  en la Rualasal.

Vosotros, entre abejas monacales
  de oro sonoro, tilos
que desde el huerto veis surtir cristales
  de mi ciprés de Silos.

Porque tú amas los tilos y la calma
  de su flor en tus nervios,
quiero aprender de ti a domar mi alma,
  mis ímpetus soberbios.

Lección de serenada mansedumbre,
  de paciencia encendida.
Flores de ti, mi lámpara y mi azumbre,
  la razón de mi vida.

Como a la flor del tilo en primavera
          contra el insomnio torvo,
beberte en infusión, niña, quisiera,
          beberte sorbo a sorbo.

GÓNDOLA NEGRA

LA góndola, no sé,
es un fúnebre ensayo.
Delicia del desmayo,
Música de Fauré.

Tú aventuras el pie
y el sol su último rayo,
moribundo soslayo.
¿Dónde vamos? No sé.

¿Gondolero o Caronte?
¿Venecia o Aqueronte?
Surcamos los canales.

Aguas de terciopelo.
El suicidio del cielo.
Tu collar de corales.

NUESTRO HUERTO

NUESTRO huerto —qué breve— es un pañuelo
pero cómo se estira y se levanta,
        buscando el cielo,
        la patria santa.

Crece el magnolio y su florir secreto;
su rizada melena hispe la acacia.
        Sube el abeto
        lleno de gracia.

Ya las islas de sombra en una sola
se funden, cariciosa y lenta umbría,
        en la aureola
        que yo quería.

Como el huerto también nuestro cariño,
de año en año ¿no ves que al cielo crece,
        que, árbol o niño,
        trepa y florece?

Oh cúpula, oh nivel, oh mediodía.
Gota a gota, el azul destila y suena.
        «Ave María.
        gratia plena.»

ANTOJOS

QUÉ extraño y violento empeño
del amante en ser amado.
Si te llevo en mi costado,
de recostarme en tu sueño.
Mira el cielo, qué pequeño
es para nuestra congoja.
El árbol, loco, se arroja
a querer besar la luna.
Y luna no hay más que una,
pero al árbol se le antoja.

NO

ESA sonrisa no la conozco,
esa sonrisa que me hace daño.
Siempre su onda, leve y malévola,
bate en la playa rumor lejano.
«Fue antes del tiempo. Yo no sabía;
todo era duda, pregunta, pasmo.»
Guarda en la cómoda tu ayer de niebla,
y no me enseñes ese retrato.

EL BESO

ADIVINASTE mi espina,
y en la frente me besaste;
vocación de golondrina.

> El beso,
> ni espina
> ni peso.

Mírala tú, tu hirondela.
Por ver cómo me besabas
ya no vuela.

La golondrina africana,
con achares de francesa
y sangre de musulmana.

En el filo del alero,
borracha por soleares
de tanto como te quiero.

CELOS

POESÍA no eres tú.
Sois tú y tú, las dos distintas.
Os llevo una a cada lado.
No tengáis celos, mis vidas.

Poesía, mi ala impar,
alborotando a mi diestra.
Mujer, en el otro hombro
reclinando la cabeza.

Y qué claro mi destino
y cómo sé barajaros.
Cantar el amor, cantar,
cantar y querer cantarlo.

RECUERDO DEL PARAÍSO

MI piel. ¿El sol? Yo solo.
¿La luna? Tu olor. Flor.
Yo Adán. ¿Tú Eva? Nueva.
Nube. Qué frío. Llueve.
¿Te escondes? ¿Dónde? Llueve.

VERDAD

VASOS comunicantes
buscando el nivel térmico,
a través de la piel,
qué corrientes de fuego,
qué aludes de glaciares
despeñando sus hielos.
Qué verdad la metáfora
de la nieve en el viento

incendiando los aires,
de las chispas prendiendo
en grillos de cristales
los arroyos del pecho.

Qué realidad la rima
con sus hondos misterios.
Qué verdad la poesía
rimando nuestros cuerpos.

ABANICO CASI MALLARMEANO

SI tiende el silencio la escala
nunca hollada de querubines,
brusca, la cadencia de ala
viene a apagarla en tus confines.

Olvidos coronan peldaños,
dóblanse espadañas y juncias,
y es un vuelo de desengaños
y un cautiverio de renuncias.

Hacia las playas que adivinas
resbalas deslizando rampas
y descorriendo agua en cortinas
finges andaluzas estampas.

El rumbo sin viaje, el perfume
en cuyas alas tú delegues
amor que jamás se consume,
sueño que se nutre de pliegues,

nata fresca de las Antillas,
raptos de vainilla y canela.
Tras una reja de varillas,
que sí, que no, la brisa vuela.

Que no, que sí, y un ángel cedes
cada vez que el párpado late,
que esquiva escorzando mis redes
y en la gloria azul se debate.

EL BOSQUE

LO sabes de memoria. Como el viejo piloto
o el pastor de las cumbres conocen sus estrellas,
así tú reconstruyes con los ojos cerrados,
entre los troncos fieles los ecos de tus huellas.

El bosque es el palacio de tus sueños de niña,
habitado de trasgos y de benignas hadas.
Y cuando ahora recorres sus claros laberintos
vuelve el sueño a posársete, ave de alas plegadas.

Son los árboles tuyos, hijos del Pirineo,
hermanos de los míos, de cántabro linaje.
El rosario de vértebras de ese saurio o coloso
de punta a punta cruje mensajes del paisaje.

Son los fresnos esbeltos, avellanos y escobios,
los nogales solemnes y estrellados castaños,
las sonajas altísimas del álamo y del chopo,
la paciencia del olmo a través de los años.

93

Más arriba los pinos de dolientes agujas,
los robles y el encaje de sus hojas dorando,
los azules abetos de isósceles pirámides,
las hayas aún sonoras del cuerno de Rolando.

Cuando vuelves a casa con las pupilas claras
de los pozos de cielo sorbido entre malezas,
me tiendes tus dos manos ya casi vegetales,
olorosas al beso ciego de las cortezas.

Ven, mi reina del bosque; ven, mi infantina
                                    [errante.
¿No sientes en tus plantas un tirón de raíces?
Di a las locas ardillas, curiosas comadrejas
que en el huerto heredado también somos felices.

SORIA
(1922-1946)

EL AMOR EN VACACIONES

LOS ojos negros sondándome
y la mejilla de fuego,
de seda, y el ritmo unánime,
y por cancelas de Albéniz
manos blancas enredándose.
El amor en vacaciones.
Flechas visibles, errantes,
el cielo oscuro, de pronto,
y una queja inmensa, un ¡ay!,
la noche de los pinares.
Palabras tontas, difíciles,
que se atascan en el aire.

El amor en vacaciones,
que no sabe lo que hace.

DESCIELO

LAS estrellas de mi noche
—la hoja de mi almanaque
marca el 1 de setiembre—

las estrellas de esta noche
nos están mirando, mira.
Como están lejos, tan lejos,
a un mismo tiempo nos ven.
Para ellas estamos juntos,
como estábamos, y entonces
fue milagrosa verdad,
para las de aquellas noches
cuando se moría julio
y agosto resucitaba.

Porque los meses se mueren
y las estrellas también,
que «si un día —ay— es el siglo
de las flores, una noche
es la edad de las estrellas».
Y éstas no son, nunca han sido,
las que lucían anoche,
las que lucirán mañana.

Cuando tú ¿soñando? duermes
—ritmo de olvido y espuma—
se nos mueren las estrellas.
Y tu amor y el mío, el nuestro,
mueren, y al nacer son otro,
y otra vez otro, son una
cadena eterna de amores.
Porque tú no eres tú sola.
Eres tú y tú, y tú. Eres muchas,
y siempre que te contemplo
lumbre estrenada y distinta.
Pero no temas. Conozco
tu fulgor aunque se mude.

Te quise ya tantas veces
desde que nos conocimos...

Levanta, pues, la cabeza
y en esas estrellas únicas
de cada noche, tan breves,
tan puras, tan bellas, hunde
tu luminosa mirada,
orbe celeste perdido
para mis ojos de tierra.
Mis ojos, sanos y abiertos,
no ven. ¡No ven! Aunque os miran,
mis compasivas estrellas.
Pero no ven. Sufren pena
de descielo, descelados.
Si el desterrado se queja
mis ojos, ¿qué haréis vosotros?

CREACIÓN

PRIMERO fueron las nubes,
altas, altísimas, fúlgidas
las que desaparecieron
del cielo, y el cielo mismo
a poco se quedó ausente,
ciego, prestidigitado.

Luego se fueron los árboles
—mis amigos— uno a uno;
todos, de pronto, en un aire,
huyeron sin saber cómo.

Y el río y la mariposa
que en vuelos nos enlazaba.
Y las charlas se apagaron
y se perdieron las risas.

Ya eras tú sola, tú sola,
nada más que tú. De mí
sólo quedaban vibrando
las seis letras de tu nombre,
una vez y otra en el aire,
seis golondrinas en vuelo
desde mi labio a tu oído.

Ya eras tú sola, tú todo:
nubes, cielo, árboles, río,
voces, risas, vuelos, aire.
Tú, aquel silencio invisible,
tú, principio y fin, tú, éxtasis.

Cuando regresé a mí mismo
—tú a tu contorno volviste—
todo estaba donde estaba,
todo igual, todo distinto.

De tus prodigalidades
han vuelto a nacer los cuerpos,
las almas, nubes y sueños.
Y otra vez la hormiga existe
y el límite y la distancia,
lo posible y lo infinito.

PAISAJE CON FIGURAS

(1943-1955)

RONDEL

(Jardín de Astorga)

OTRA vez un jardín.
Érase que se era.
érase lo que fue.
Lo que yo canto queda.

Pájaros en las ramas,
nubes por el azul,
rosas que se deshacen,
niños, estrellas, tú.

El afán de la hormiga,
el rabel de la abeja,
la voluntad del viento,
la luz de la tormenta.

Y entre todas las voces,
sobre el trueno del sur,
confesándote siempre
conmigo, muda, tú.

Esta vez hay campanas
que ahondan, redundan bronces
y seda de cigüeñas
desplegando horizontes.

El amarillo vence,
más aguda es la luz,
y te haces ya más próxima,
más verosímil, tú.

Estrellas de jazmines
su esencia blanca y verde
en los dedos me enredan,
me besan en la frente.

Jazmines de la tapia
—blanco en blanco hace azul—,
algaradas dichosas
de algún huerto andaluz.

Cuatro se hicieron cinco
y cinco se harán seis
las uvas moscateles:
ronda, rondó, rondel.

Vuelven julio y agosto,
el poltrón y el gandul.
Ruedan truenos lejanos.
¿dónde te escondes tú?

Aquí a mi lado estabas.
¿No había ahí una reja?
El muro de un convento
te clausura y te sella.

Cierro los ojos. Sueño
con los brazos en cruz.
Los párpados me vendan.
Ahora sí que eres tú.

SEGUNDO SUEÑO

(Homenaje a Sor Juana Inés de la Cruz)

> *No me acuerdo haber escrito por mi*
> *gusto si no es un papelillo que lla-*
> *man el sueño.*
>
> SOR JUANA

DAD al sueño también lo que es del sueño.
El sueño es vida, es la suprema vida,
mas no el sueño de párpados piadosos,
vencidos a su peso de ala en nido
hasta rimar pestaña con pestaña.
¿Imagen de la muerte? No. Los muertos
dejan abierta una rendija lívida.
¿Por qué se la cerramos? Ellos quieren
luz tamizada, mansa, el entresueño.
Ni entresueño de muerto ni engañosa
luz de escenografía de durmiente.
Dormir es abdicar y viene el sueño
—primero sueño— y ciñe la corona
de deseos, delirios, delincuencias
y reinamos, monarcas del vacío.

Pero es el otro sueño, el otro sueño,
segundo sueño, sueño a que se asciende,
no en humos de vapores, sino en alas
del vuelo merecido y apoyado
en otro infante aletear gemelo,
ambos batiendo azul, éxtasis ambos;
es ese sueño —el raro sueño esquivo,
el sueño del despierto, del tan lúcido
que ve lo que los otros ni aún postulan—
el que es vida suprema.

Yo quisiera cantar para ti, Juana,
la didascalia maravilladora
de la más noble y cálida oficina,
del taller de poetas y de sórores.
Porque tú eres poetisa y sabihonda,
musa y monjita, y sueñas y lucubras,
despierta o ya dormida o en el alba
del gradual recordar, de tu alquería
rumbo a Nepantla, al sol y a los virreyes.
Tú me comprenderás, tú amaste mucho,
tú eres siempre una niña enamorada
y estás viviendo tu segundo sueño.

Ya del primero sueño despertamos,
la aurora nos regala y nos posee
y sobre nuestros hombros un vacío
de plumas de cornejas nos recuerda
los trofeos del Erebo y ¿quién sabe?
Y rompemos a andar rasgando el éxtasis.
Éste soy yo, mi pierna no es el árbol
ni esa nube de fuego arrebolada
es mi respiración que en el consuelo

de la conciencia azul dura y anida.
El agua, el agua ¿y eso será todo?
¿No habrá más que el remanso, que la copia,
ese otro yo rizado e incesante
que puja desde el fondo del deseo
hasta besar el atrevido límite?

Y con el dedo escribo. Y rompo el pacto
entre el aire y la fábula incestuosa.
Qué soledad maestra y sin indulto
la del ser en su ser. Naturaleza,
naturaleza, ay, desnaturada
madre, princesa y flor del abandono,
flor frutecida para holganza estéril.
Y sigo caminando; sonriendo
de sentirme en mi ser, ser para nadie,
ni para mí ni para aquella nube.
Ni para aquélla, no, ni para aquella
estrella de la tierra, tú, muchacha
que encerrada en tu ser pasas y miras.
Esgrima negra, tu botón sin sangre
no cree en primaveras, no se cree
a sí mismo, no abre fe, no ama.
Y se retrae tristísima la antena,
retráctil de estupor, allá en su poza.

Mas de pronto un suspiro como un cielo
la vela hincha del pecho. Es el milagro,
es la pregunta en punta, es la visita.
¿Ésta es mi casa, soy yo el elegido,
el súbito? Esta luz —no sé de dónde—
me besa, sí y me orla. ¿Soy traslúcido?
Esta luz, esta luna que me invade
¿dentro de mí dormía? ¿Ésta es mi mano

—mútil y seccionada vena a vena—
como ajena a mi cuerpo, como un guante
que aún guardara el aroma de su huésped?
Con la otra mano, tibia y compasiva,
la acaricio, la elevo como flor.
Mi mano diestra: una corola, un astro,
un alabastro. Y me pertenecía.
¿Tan mía será ahora como el fuego
lo es de la zarza ardiendo y el paisaje,
del vidrio transparente y siempre virgen?
¿Como el amor de Dios se nos trasluce
en el cariño humano a criatura?

Y esta mano de luz enajenada
¿será también fanal para los otros?
Este pulso de lumbre, estos latidos,
destellos de jazmines y falanges,
fueron ayer calientes, resbaladas
lágrimas de mujer por mí vertidas
—pues ya en líquido humor viste y tocaste,
Juana de ayer, de entonces, siempre,
tu corazón deshecho entre mis manos—.
Y este pulso, destellos o latidos,
este selenio halo de mis dedos
¿es visible también a ojos de enfrente?
Amigos míos, ¿os alumbra y besa
este candor novísimo, novicio,
de mi mano y acaso de mis ojos,
de mi frente ignorándose, de todo
mi ser corpóreo en luna enhechizado?
¿En luna que de un sol espeja, enfría
el bálsamo o recuerdo bebedizo?
¿Os sirve de consuelo esta errabunda
fosforescencia, esta imantada órbita

que una elipse de gloria inventa y cierra
en la orfandad de un mundo tenebroso?

Vestido voy de mí, que mi desnudo
es el sueño, es la luz que me sostiene
y me esgrime en un aire de banderas,
es el amor, la música del cielo.
Y tú que fuiste musa y fuiste música
de armilares, obesos instrumentos,
que pulsaste el esdrújulo y el tacto
helado de marfil del clavecímbalo,
tú, cecilia de fugas sin preludio,
tú, Juana Inés en claustro de sonetos,
sabes cómo se canta y se discanta
cuando se vive en espiral de olvido,
cuando se sueña y anda de puntillas
para no despertar hierbas ni flores,
para no despertarse.
Es un pisar sin peso, es un satélite
andar de vuelo, porque son las alas
—las alas que el pudor negar quisiera
y que se esponjan sin abrir del todo—
las que nos llevan con rumor de ángel,
sin que los pies acierten a otra danza
que a mal fingir para torpes testigos
un trenzado beodo y verosímil.

Es el amor, la música del cielo.
Y los pies tejen ínclitas escalas
y arpegios van las alas desplumando
y en acordes los torsos duran, vibran.
Habitados de amor, somos felices
y nos desconocemos. Dice el cuerpo,
dice el alma: «Señor, yo no soy digno.

Yo no soy digna, no, ya no soy digna.
Cuando antes me arrastraba por la arena,
apagada y opaca, no sentía
la vergüenza de ser, de inmerecerte.
Pero ahora que tú, celeste dueño,
sol de mi vida, me sellaste luna
hundiéndome tus dedos abrasados
en mis íntimos huesos, haciéndome
despertar del letargo, cantar lírica
tu soneto reflejo, tu sonata
de purísimo amor a ti devuelto;
ahora que Dios, Amor que me destilas,
ilumina y trasciende mis racimos,
ahora soy feliz por la tortura,
la negación penúltima y la entrega,
mientras arden mis labios letanías:
no soy digna de ti, ya no soy digna.»

Amor de Dios, supremo amor de arrobo
para el que adolescentes ensayamos
—oh prisiones que labra fantasía
de celosa doncella enamorada—
besando el rostro a esquiva criatura:
esto fue, Juana, tu segundo sueño;
sueño de amor humano hacia el divino.

Amantes nuevos, dad también al sueño
lo que es del sueño, Amor.

AMAZONA

(1948-1953)

AMOR EN LA MANO

EL amor cotidiano.
Canto al amor que canta aquí en mi mano.

Días, semanas, meses
—viñas, nieves, almendros, fresas, mieses—
pasan. Vuelven los años
desnudando y vistiendo los castaños.
Y el perezoso aguarda
al amor imposible que ya tarda,
el amor que fue sueño,
el amor que será, nunca o zahareño,
el amor del quién sabe,
enigma que en el cielo traza el ave.

Pero el amor secreto,
el amor que se es, que se está quieto
para que mi ancha palma
se pose en él con posesión de calma,
el amor persuasivo
siempre en presente azul de indicativo,
se está aquí, tan humano
que no quiere volar, pájaro en mano,
que aletear prefiere,
cantar conmigo, arder es lo que quiere.

8 - 2870

EL DOBLE ELEGIDO

QUÉ raro es ser poeta.
Encontrarse de pronto una mañana
con el mundo feliz, recién creado,
pisando, balbuciendo
para que alguien le bese y le descifre.
Y ese alguien, el llamado
—¿es posible?— soy yo.

Qué extraño es ser amante.
Encontrarse una tarde, casi noche,
que la luz de unos ojos,
el temblor de una mano dulce y ciega,
que sí, que era verdad.
Y así —como la ola.
que al mar le turge, estalla, rompe en dicha
de efervescida espuma—
del abismo oceánico del pecho
nos sube, crece, alumbra a flor de labios
un nombre de mujer
y unas alas: «te quiero».

Oh maravilla atónita.
Poesía del amor.
Amor de la poesía.
Y yo el doble elegido, regalado.

LA OBEDIENTE

YO le decía «ven» y ella venía;
«Quiero estar solo, vete»,
y ella se marchaba;
«habla» y me regalaba su gorjeo;
«calla» y las horas muertas,
las horas vivas,
transcurrían como un arroyo
rodeando el ruedo de su falda.

Porque ella entonces se quedaba quieta,
isla de sumisión, creando en el suelo
un manso olvido de naturaleza.

LA INVESTIDURA

ES, sí, celeste añadidura
la investidura del amor.
Cuando uno ama, uno es mejor,
pero el amor, qué poco dura.

Es el amor una aventura
hacia otro amor, otro color,
                        otro calor,
otro rubor de criatura.

No tengas miedo, valgo más
desde que tú cielo me das
en el amor que todo abjura,
que todo entrega e inaugura.

No tengo miedo si te vas,
pero el amor, qué poco dura.

COMO LA DAMA ROSA

ACODADA en la losa
de mármol del café
como la dama rosa
del lienzo de Manet,
estabas pensierosa
y sin saber por qué.

¿Pensabas allá lejos
en el color del mar?
¿Perseguías reflejos
de nubes en Dakar?
¿Deslumbrabas espejos
ciegos de tanto amar?

Acodada en la losa
lívida del café,
como una frágil rosa,
triste rosa de té,
soñabas en la fosa
que se te abría al pie.

POR MUCHO QUE CONTIGO VIVA

POR mucho que contigo viva,
no podré ya vivirte niña.
Y, sin embargo, pudo ser. Mi vida,
ignorante de ti, crecía alta
cuando viniste al mundo.
Tú eres así mi recobrada hija
y tengo que ganarte aprisa, aprisa
hacia atrás, a la fuente,
tu niñez perdida.

Tú quieres ser mi madre
y has de correr, vivir, aprisa, aprisa
para alcanzarme, dejarme atrás,
para que te dé tiempo
de mirarme subir desde tu cima,
tú, vieja madre de cariño,
puerta final donde entregar mi vida.

No podrás ya vivirme, siendo madre,
mi niñez. Pero mira,
mírame bien. Verás que soy
un niño todavía,
un niño siempre.

Por mucho que contigo viva.

AMAZONA

NO sé, yo no nací para quererte,
mi centauresa de la crin de llama,
mi amazona en la zona que te ama,
tórrida de la sed de poseerte.

No te quería, no. Pero mi suerte
galopa ya en tu rastro. ¿Y no habrá rama
que te enmarañe y cuelgue de su trama,
lámpara columpiada a amor o muerte?

Te quiero, en fin, mujer, y te quisiera
alma sin cuerpo, y creo que te amara
sin el jazmín del alma enredadera.

Ángela sola, espíritu bastara,
y la estrella, antes flor de un beso, para
nacerme ángel y dormirme fiera.

SOLEARES

DESDE que te conocí,
nunca tan lejos te viera,
nunca tan lejos te vi.

Soleá de los espejos,
que si lejos, que si cerca,
que si cerca, que si lejos.

Me arranco por soleares.
Tengo soledad de ti,
pero tú, ni te compares.

Para ver bien cómo eras
—a la distancia precisa—
cómo eras, pero de veras,

me vine a esta costa brava.
Y eras como yo te quise,
como yo me figuraba.

Pintor que mira la tela
enfurruñando los ojos,
te miro yo en esa vela.

En la vela de ese barco,
sola entre la mar y el sol
como la flecha y el arco.

En la mar nada se pierde.
Esta tarde te he encontrado
en un pozo de agua verde.

Verde y azul transparencia.
Veo las piedras en lo hondo,
pecados de su conciencia.

(Perdona tú mi insistencia.
La mar y amor saben tanto...
Amor no es arte, que es ciencia.)

En esas espumas pocas
has zozobrado hasta el cuello
y te envidiaban las rocas.

Y en las muchas de otra playa
—¿te acuerdas? ¡Días felices!—
al pie de brava atalaya,

entre el festivo clamor,
piernas de niña inocente
se reían del amor.

Soledad de soledades
¿y todo soledad? No.
Yo canto por soledades.

Y el cantar ya es compañía.
Cerré un momento los ojos
y era tu voz la que oía.

Allá van mis soleares
por encima de los montes,
por encima de los mares.

Hasta llegar a la luna,
a la esquina de una calle
con una reja moruna.

La luna llena de espejos,
para burlarme de cerca,
para llamarme de lejos.

¿CON QUIÉN TE COMPARARÍA?

¿CON quién te compararía
a ti cuando no te veo
y sé que estás en tu cielo

y sé que estás en mi cielo?
¿A quién te compararía
sino a la estrella de día?
Estrella tras velo azul
mirándome y no te veo,
pero qué bien me ves tú.
Miro al cielo. Ni una nube
en la mañana redonda.
Azul liso. El sol que sube,
y cayendo al mediodía
—a quién la compararía—
la luna monda,
la luna que ronda muerta:
media esfera azul, incierta
—a quién la compararía—
y media de calavera
lironda.

Yo sí la veo y tú no.
Y qué espantable misterio
que el cielo azul, tan azul
—a quién la compararía—
tan azul
y sólo por ese cráneo
se convierta en cementerio.

Oh visión de Eclesiastés.
Dime que tú no la ves.

CANCIÓN

HAY voces que suenan a vuelo
de alondra subida de mayo.
Hay voces que suenan a cielo.

Hay voces que suenan con velo,
que encubren, calientan, arrullan.
Hay voces que suenan a celo.

Hay voces que suenan a chelo.
El arco se alarga, se alarga
y vibran las cuerdas de anhelo.

Hay voces que llueven consuelo.
Y funde la pena el regalo
y cunde en el alma el deshielo.

Hay voces que tú no conoces,
que yo no conozco.
Hay voces secretos a voces.

Hay voces tan hondas de roces,
tan muertas de amor en servicio,
tan yertas de huesos y goces,

tan ciertas de entrega y resquicio
que suenan a rasos de rosas,
teléfonas, negras, morosas.

Voz sola entre todas las voces,
la tuya intimísima, esclava,
oscura, su flor me entregaba.

PSIQUE

I

BÉSAME ya, tu beso más profundo
que sea para mí, el que no diste
nueva y adolescente, ardiente y triste
de despertar sin sueño en otro mundo.

Bésame con tu dulce beso oriundo
del paraíso en que jamás creíste,
tu amargo beso o pulpa que ofreciste
a este pozo de sed en que me hundo.

Exprime entre mis labios, lenta Eva,
tu elixir del que nadie nunca beba
si no quiere sorber la muerte o cielo.

Bésame de ese beso que rebosa
y de los cuatro pétalos sin vuelo
verás nacer la negra mariposa.

II

Tardé en creerlo. Estaba distraído,
sentado, casi echado en el jardín.
Y ella zigzagueaba
indibujablemente
cayéndose en el aire, tropezándose,

rectificando fugas y caprichos,
preludios y rondós,
riendo felicísima en su música,
cerrando, abriendo el misal de sus alas
para el éxtasis puro en la flor.

Al fin la vi, la atendí
y ella, la mariposa, se dio cuenta.
De la rama del ciruelo
a la punta del rosal,
del afeitado boj, rizado el rizo
de un vuelco sin trapecio —artista acróbata—
a posarse, a exhibirse, ¿habráse visto?
en mi mismísima rodilla.
Parecía decirme abanicando
voluptuosa, sus alas bien abiertas:
«Lee, poeta, lee en mi liturgia.»
Yo estuve por pinzarla, velocísimo,
más preferí observar, gozar, dejarla.
Sin vigilar mi mano
prolongaba su crédito la astuta
para hacerme creer que ella creía
recrearse en la cima de un arbusto.

Quise verla mejor
y al desplegar mis gafas
—mariposón descomunal—
huyó aterrada al cielo.
Pero volvió resbalando en columpios
de la hoja a la flor,
desde el tronco hasta el paño
del camuflado pantalón corteza.
Y mi mariposón ya inofensivo,
inmóvil fascinante, cabalgaba.

Qué delicia de tintas y matices.
No era, no, la mariposa negra,
nacida de aquel beso de los pétalos,
pero sí su nieta acreditada.
Las puntas de las alas,
con pintas blancas, luto de viuda;
unas franjas de rojo ladrillo
—pura cerámica de Etruria o Pompeya—
las separaba oblicuas
de la caja interior del santo códice,
todo entintado de otoñal agalla,
tornasolada en mínimas varillas
fluctuantes de amatistas y rubíes.

Al fin vino la noche
apoyando insensible su pedal
y fue preciso —oh mariposa, oh psique—
despedirnos.
Pero aún tuvo el adorable rasgo
en un último quiebro, puro símbolo,
de rozarme, posarse,
cúspide del instante, beso alado
—¿mariposa, Violante, psique, alma?—
en mi derecha sien,
donde se abren su rosa los suicidas.

III

¿La vida se repite?
No lo sé. ¿Tú lo sabes?
He bajado a la huerta
y ella estaba esperándome.

Mi mariposa psique,
la del beso de alma,
hoy como ayer, sus fintas,
sus quiebros ensayaba.

¿La vida se repite?
Mariposa ¿lo sabes?
Yo me hago el muerto. Oh dicha,
si en la sien me besases.

Apenas te conozco.
Nuevas horas de vuelo
¿te embriagaron de técnicas,
de olvidos, de deseos?

Alas abiertas, quietas,
resbalas sin alambre
funambulando abismos
invisibles del aire.

Acrobacias en punta,
rizadas maravillas,
rectas inverosímiles,
verticales caídas.

Te posas, te abanicas,
me vigilas triunfante
moviendo —oh Mefistófela—
tus antenas vibratiles.

¿La vida se repite?
No. Hoy no dobla a Ayer
como tus alas justas,
tus alas de papel.

126

Pero el Ayer, el Hoy
¿no existieron ya antes?
¿No repite la vida
sus sueños almorávides?

Tú, mariposa, efímera,
¿cuántas veces has sido
crisálida de amores,
plegadora de siglos?

¿No es verdad que tu símbolo
se doblará en la imagen
de otra sien de poeta,
de otra herida de ángel?

IV

Ven a mí, mariposa, oh rigurosa-
mente histórica. Ven, ven de regreso.
ven de la muerte, ven del retroceso,
de la ceniza, polen, polvo, fosa.

No se repite, no, la vida rosa
pero la muerte invierte su proceso
y su instante infinito alarga el beso
de dos tumbas en vuelo losa a losa.

Todo va por la sien, la flor en trizas,
a buscar la raíz, las primerizas
sales del alma que se desintegra.

Alas, pétalos, labios suspirando.
Cero, dos, cuatro. El Nunca se ha hecho Cuando.
Y beso en flor la mariposa negra.

AMOR SOLO

(1951)

9 - 2870

¿SABES TÚ?

DEL viento nace la brisa
y de la nieve la fuente.
Amor que así se improvisa,
que así nace de repente
¿sabes tú —seria sonrisa—
sabes tú —luz en la frente—
de dónde nace y adónde
se nos lleva y nos esconde?

La brisa es hija del viento,
la nieve madre del río.
Pero el dulce pensamiento
que ya no es tuyo ni mío
¿cómo en dos cunas y un cuento
nació sin temer al frío,
nació mellizo y llorando?
Por el aire va volando.

Por el aire va de vuelo,
arco iris de colores.
Lo que tú escondes yo celo,
lloraré lo que tú llores,
ida y vuelta por el cielo

del pensamiento de amores.
¿Me inventaste o te inventé?
¿Amor, esperanza o fe?

EL BESO DE LA TERNURA

EL beso de la ternura
no es el beso del amor.

El beso de la ternura,
beso que vuela a la altura,
es beso que poco dura,
lo que dura el ascensor.

Es el beso que aligera
(baja y baja la escalera)
vuela glorioso a su esfera,
plafón guillotinador.

Es el balcón y la escala
nivelados ala a ala,
ruiseñor, alondra, bala.
Pisos, seis. Segundos, tres.

Es el beso aéreo, leve,
que se atreve y no se atreve,
y la asunción de la nieve
que está nevando al revés.

Qué termómetro tan corto.
Y el beso se queda absorto,
ardiendo por dentro, absorto,
absorto de pena, absor...

Beso que acaba y no empieza.
Quietecita la cabeza,
sumisa, ¿asustada? Pura.

El beso de la ternura
sí es el beso del amor.

PRIMER DESVÍO

CUÁNTO amor cabe en el primer desvío.
Asustado de sí, amor cobarde
huye a esconderse, a traicionar. La tarde
suena y se ensancha como un turbio río.

El amante burlado siente frío
de soledad, no sabe ya si arde
o se le hiela el corazón. Si aguarde
o se vuelque a dormir sobre el vacío.

Y está el amor negándose y negando,
remordiéndose el cómo, el porqué, el cuándo,
royendo los minutos de la cita.

Y está el varón amante rezumando
lágrimas de los ojos, vidriando
sal de amor desleal, sal infinita.

ALEGRÍA

LA alegría en el mundo, la celeste
alegría en el aire, la alegría.
Nada hay que no anhele y no sonría,
nada que no aventure y que no apueste.

La veleta es saeta. En trance. Agreste.
Mírala cómo afila su porfía.
Qué fija está en el hierro que chirría,
cómo se clava, esclava, en su nordeste.

Golondrinas tempranas, van las manos
persiguiéndose quiebros, roces, planos
por balcones, campánulas, deslices.

Los labios, desatados, no regresan,
se olvidan ya, ya ni siquiera besan.
Dejan eso a los ojos, más felices.

CALLAR

CALLAR, callar. No callo porque quiero,
callo porque la pena se me impone,
para que la palabra no destrone
mi más hondo silencio verdadero.

Reina el silencio, el obrador austero
que un puente entre dos músicas compone,
para que el labio enmudecido entone
hacia dentro, hasta el pozo, el salmo entero.

Yo bien quisiera abrir al sello el borde,
desligar a las aves del acorde
y en volador arpegio darles cielo,

si no temiera que al soltar mi rama
en vez del dulce cántico del celo
sonara la palabra que no ama.

SÉ MÁS FELIZ QUE YO

Sé más feliz que yo, cantaba Arolas,
cantaba sin cesar como las olas
del mar que peña y niña salpicaba:
        Sé más feliz que yo.

Un amor imposible, una ternura
sin salida hasta entrar en la locura,
en la noche sin alba. Y murmuraba:
        Sé más feliz que yo.

Yo no sé qué distancia hasta la raya
habré de recorrer, hasta la playa
donde bate ese mar. Y voy rezando:
        Sé más feliz que yo.

Voy rezando mi férvido estribillo.
Cuanto más hondo clava en mí el cuchillo,
más te acaricia mi susurro blando:
    Sé más feliz que yo.

«No. Yo no puedo ser feliz» me dices.
Y yo, fábula viva de infelices,
a viva fuerza de quererte, lucho:
    Sé más feliz que yo.

Lucho e insisto a ver si te convenzo
como a la primavera, y quiero y venzo
a viva fuerza de quererte mucho:
    Sé más feliz que yo.

Quiero quererte sin rozar tu boca,
sólo en tu oído romperá esta loca,
desvariada ola azul, perdida:
    Sé más feliz que yo.

Duerme a su arrullo en paz dichosa, duerme,
queriéndome querer y sin quererme,
que ella te canta siempre: Duerme, olvida...
    Sé más feliz que yo.

TUYA

YA sólo existe una palabra: tuya.
Ángeles por el mar la están salvando
cuando ya se iba a hundir, la están alzando,
calentando en sus alas, ¡aleluya!

Las criaturas cantan: —Aunque huya,
aunque se esconda a ciegas sollozando
es tuya, tuya, tuya. Aunque nevando
se borre, aunque en el agua se diluya—.

«Tuya» cantan los pájaros, los peces
mudos lo escriben con sus colas de oro:
Te, u, y griega, a, sí, tuya, tuya.

Cantádmela otra y tantas veces,
a ver si a fuerza de cantar a coro
—¿Tú? ¿Ya? ¿De veras?— Sí. Yo. Tuya. Tuya.

TÁNTALOS

ESTOY lleno de tántalos.
No soy yo el tántalo, no, son ellos, ¿cuántos?
Diminutos, hormigas, himenópteros,
subterráneos, mineros, voladores,
nupciales: tantos tántalos
que la piel me electrizan, que se empujan
al borde de mis propios labios.
Y no son frutas, no, ni agua en el cáliz
transparentando el oro
lo que ellos, abrasándose,
bebieran o mordieran.

Gota a gota, poro a poro,
liliputienses tántalos asoman,
alfilerean yemas de mis dedos,
cabalgan resbalando mis pestañas,

desmelenan antorchas por mis labios.
Y yo quieto, tantálico,
sin poder sacudírmelos, raérmelos,
tántalos que no saben
lo que es la sed, el zumo, la dulzura,
el dormir consolados.
Tántalos del suplicio,
tantos y tantos mártires o tántalos.

SÓLO EL FIN

ANOCHE en el insomnio,
en el puntual insomnio de las tres
para pensar en ti,
tú soñando me hablabas,
me hablabas disfrazándote en mi voz,
así tan misteriosa y tan ajena
y tan soñando
que es cuando eres más tú.
Mi voz de ti venía,
yo no me daba cuenta,
y dibujaba en la íntima tiniebla
—con una luz de situación apenas—
palabras musicales, fulguradas,
mi poema más puro y más hermoso,
de ti venido y hacia ti volviendo.

Yo dejaba llegar, mojar sus alas
en mi pecho oceánico
y levantar el vuelo hacia tu costa
cada verso de amor o ave marina.
Y azotaban la noche alas felices.

138

No me atreví a apresarlas
y las dejé partir, perderse,
y a su ritmo celeste me adormía.

Al despertar, de día ya, no pude
recordar más que el fin:
«Sí, con el alma sólo,
pero quiero legarte
la memoria de un beso en tus estrellas.»

ENTRE MILES

ENTRE miles de alumnas nunca fuiste.
Te esperé año tras año. No venías.
Yo en todas te buscaba, alegre o triste.
Ya no creía en ti: tú no existías.

Entre miles de alumnas, tú no estabas,
tú, mi alumna, mi hija, criatura,
creación de mi alma. ¿Qué esperabas?
¿Dónde crecías, niña o conjetura?

¿En dónde te escondías, en qué selva
de columnas, de sauces, de pupitres,
en qué espumas de agosto que revuelva
mar en risco, marisco de salitres?

... de pupitres, de sauces, de columnas.
¿Hasta cuándo —imposible— ola tras ola
rompiéndose —y tú nunca— olas alumnas?
Tú sola al fin llegaste, amor, tú sola.

Entre miles de alumnas tú aprendiste,
sin entrar nunca, sin matricularte
en el aula, en mi jaula, el arte triste,
arte de amar cantando, todo el arte.
Sin estudiarme, entero me supiste.
Tú escogiste, mujer, la mejor parte.

EL ARCOIRIS

> *Esta tarde, mi bien, cuando te hablaba...*
> *...el corazón deshecho destilaba.*
>
> SOR JUANA INÉS DE LA CRUZ

AYER tarde, mi bien, cuando te hablaba,
tan triste y tan lejana te sentía
sin saber consolarte en tu amargura,
que al despedirme, bajo el aguacero
mi corazón deshecho destilaba.
Al buscar mi refugio solitario
rozando opacidades transparente,
oí decir a mi espalda: el arcoiris.
Y volví la cabeza. Era verdad.

Un arcoiris, turbio aún, gigante,
convaleciente en lecho de negrores,
prometía a las almas esperanza.
Tú, bajo el techo, no supiste el signo,
pero algo de consuelo, algo de cielo
descendió hasta tu frente iluminándola
de pálidos matices besadores.

El arcoiris es espectro y arco
y la flecha invisible al blanco apunta,
es ella la luz blanca, la unitaria
y dardeando el corazón.

Escucha:
Por la sangre se empieza, el rojo vivo,
sigue el anaranjado, aroma intenso
que en fiebre de amarillo nos enferma.
El verde, el campo, la esperanza. Arriba
los ojos, al azul del cielo.
Húndete ahora en el añil del mar,
que la muerte violeta nos espera.

LA OLA

NADANDO estabas, no, más bien flotando,
    sirena de invisible cola,
y ahora ya te estás abandonando.
    (Vacía, se aleja la yola.)

No hay dicha como esta de sentirte
    naciendo en cuna de reflejos,
como esta de abdicarte, de inhibirte.
    (La yola se perdió a lo lejos.)

Anfibia, en agua y cielo te arrebujas,
    cierras al sol los submarinos
ojos, donde anidaron mil burbujas
    de los palacios cristalinos.

Flotas —delicia ingrávida— de espaldas,
   te ofreces al amor, inerte.
Cierra los ojos, cofres de esmeraldas,
   de agujas, de sales de muerte.

Y ya no sabes si eres muerta o viva,
   si el mar te deshace o modela
cuando navegas, tabla a la deriva,
   navío, sin remo y sin vela.

Pero no. Abre los ojos, allí, mira
   aquella ola, enorme, plena,
aquella que se turge y que se estira
   buscando su media sirena.

Viene por ti, vengo por ti, no escondas
   tu piel de plata escurridiza
debajo de los valles de las ondas,
   oh ingenuidad de primeriza.

No tengas miedo, no impetuosa nades
   creando de espumas tu cola.
No vale huir, sirena, no te evades
   del rapto inmenso de mi ola.

Ya estás en mí indefensa y entregada,
   en mí, tu ola poderosa,
tu dulcísima cuna enajenada
   que te traspasa y te rebosa,

que te mece y te mece y te estremece
   y es ya tu único elemento:
el agua, el aire, el cielo que merece
   tu cuerpo febril y friolento.

Ya estás en mí, tu dicha está cumplida.
   No pesas ya, casi ni existes.
Te sientes disolverte en mí, en mi vida,
   en mis amargas aguas tristes.

Y volver a nacerte, palmo a palmo,
   creada sucesivamente
por mi palabra de agua y por mi ensalmo,
   mi amor de labios y mi mente.

Te llevo en mí, te alzo y te traduzco
   e intensamente te poseo,
de una vida a otra vida te conduzco,
   a otra en que creo y te recreo.

Abandónate más en mi regazo,
   la voluntad también, no quieras,
no quicras nada ya, sólo mi abrazo,
   flotar, volar en mis esferas.

Que yo te llevaré con infinita
   ternura hasta la playa sola,
y allí me desharé en mi muerte escrita,
   mi muerte en retumbo de ola.

¿Querrás morir conmigo, o en la arena
   secarte al sol, convalecer,
o bien subir al cielo, no sirena
   sino amor puro de mujer?

TU ESENCIA

EL alba es una esponja
y borra la pizarra
de los sueños sin rumbo.

Qué difícil contar
los sueños fugitivos
con palabras despiertas.

Quedaron sólo hilachas
de nieblas que al sol nuevo
se afilan, se disuelven.

Y, sin embargo, eran,
existieron reales,
congruentes, los sueños.

Anoche fueron flores.
Tú también entre ellas
eras, participabas.

Confidencias silvestres
de la montaña esquiva,
amarillas, azules.

Yo masticaba cálices,
en mis yemas brillaba
un polen verdioro.

Y un frescor en la lengua
me reveló de pronto
tu esencia más profunda.

144

NO VERTE

UN día y otro día y otro día.
    No verte.

Poderte ver, saber que andas tan cerca,
que es probable el milagro de la suerte.
    No verte.

Y el corazón y el cálculo y la brújula,
fracasando los tres. No hay quien te acierte.
    No verte.

Miércoles, jueves, viernes: no encontrarte,
no respirar, no ser, no merecerte.
    No verte.

Desesperadamente amar, amarte
y volver a nacer para quererte.
    No verte.

Sí, nacer cada día. Todo es nuevo.
Nueva eres tú, mi vida, tú, mi muerte.
    No verte.

Andar a tientas (y era mediodía)
con temor infinito de romperte.
    No verte.

Oír tu voz, oler tu aroma, sueños,
ay, espejismos que el desierto invierte.
      No verte.

Pensar que tú me huyes, me deseas,
querrías encontrarte en mí, perderte.
      No verte.

Dos barcos en la mar, ciegas las velas.
¿Se besarán mañana sus estelas?

QUIÉRELE MUCHO

QUIÉRELE mucho a Lope: por ti vela
—madrugada de hielo— por ti canta,
decanta el verso de agua fresca y santa,
por ti, chiquilla, y no por Micaela.

Al nuevo albor reza por ti, locuela,
baja al jardín, le riega planta a planta,
peina a Micilda el lomo que levanta
y una comedia —tú en disfraz— encela.

Quiérele mucho a Lope: él nunca muere.
Ya pronto cuatro siglos que te quiere,
todos los siglos, años, meses, días.

Ámale con amor arrebatado,
que él por ti sueña y canta enamorado.
Porque Lope soy yo, ¿no lo sabías?

SONATA EN *SI* MAYOR

SONATA en *si* mayor, en *si* o en ti,
nací y viví esperándote, esperando
realizarme. Por fin mi vida llega.
Arcos equivocados, dedos tímidos
confundiendo las claves, resbalando
por mi teclado, que aguardaba siempre
tus dos manos de nieve enamorada.

No nací en *mí*, ni en *sol*, no, nadie elige
tonalidad, la llave de la vida,
como un color para vestido o alma.
Yo nací con mis cinco sostenidos
como llagas o condecoraciones,
como llamas subiéndome hasta el *si*.

Una sonata soy y tú me suenas
y me tocas, me vibras, me descubres,
me realizas por fin. Durmiendo estaba
como un lago profundo en el que nunca
alas de amor hermoso se posaron.

Tú me interpretas, tú también en *si*,
tú para mí nacida y acordada.
Por ti nazco a la vida, tú, mi cielo,
yo tu espejo de agua. Tú y yo fieles,
sonata en *si* mayor, nos reflejamos.

TÚ ME MIRAS

Tú me miras, amor, al fin me miras
de frente, tú me miras y te entregas
y de tus ojos líricos trasiegas
tu inocencia a los míos. No retiras

tu onda y onda dulcísima, mentiras
que yo soñaba y son verdad, no juegas.
Me miras ya sin ver, mirando a ciegas
tu propio amor que en mi mirar respiras.

No ves mis ojos, no mi amor de fuente,
miras para no ver, miras cantando,
cantas mirando, oh música del cielo.

Oh mi ciega del alma, incandescente,
mi melodía en que mi ser revelo.
Tú me miras, amor, me estás mirando.

LA OTRA LETRA

Y el día que se acaben las palabras
¿qué va a ser de nosotros?
Porque ellas, obedientes, vienen dóciles,
pero de tanto y tanto acariciarlas
para hacerles decir lo que queremos
y de tanto cargarles las reliquias
de un amor insaciable,

las estamos gastando y abrumando,
desfigurando de transfigurarlas.
Y ellas no pueden más, las pobres,
y ya casi inservibles de tan fieles.

Las palabras se agotan, se marchitan,
y detrás de ellas llega la amenaza
de la mudez.
Y el día que se acaben, que se callen
de pura inefabilidad,
¿cómo continuará nuestro amor trágico?
Desprevenidos nos sorprenderá
la estación de la muda.

Hay otro idioma eterno, inagotable,
el que debimos aprender.
y no estudiamos nunca. A su crujiente
playa de sal nos acercamos trémulos,
sin atrevernos a sus verdes aguas.
Es el mar de la música
o la esponja total —luces y abismos
para el abismo y la luz única
del deseo de amor y de la entrega—.
Allá donde los bosques, las montañas,
las rocas, las arenas de poesía
se desesperan, loco finisterre,
allá nace y resuena y muere y nace
la lengua del amor supremo,
del dolor y la súplica infinita,
la que sabe decir lo que ni el labio
ni la mente conciben o articulan,
la que crea el amor y en él se crece
y se descrece,
y es del amor creída y escuchada.

149

Pero tú y yo nada sabemos
de sus frases, sus ondas evasivas,
de cómo se moldean y se inventan.
Y amordazados vamos al prodigio
de lo que otros amantes más felices
se dijeron cantando.

Y revolvemos ráfagas o folios,
las cartas a elegir del «Secretario
de los enamorados», esa música
a Clara o a María destinada,
y la hacemos decir tras lo que dice
—lo que de nuestro cielo intransferible
nos abre en flor— la otra humilde letra,
el escucho al oído: «Te amo siempre»,
«Voy contigo a la muerte y no la temo»,
«Ayer tarde, ¿por qué no me mirabas?»

DON DE LAGRIMAS

LLORABA el niño de dolor,
de vergüenza lloraba el hombre
y lloraba el adolescente
del amor novio entre rubores.

Lloraba a veces el artista
llantos de poesía y de música,
felicidad, pena secreta
de otra alma que llora y se busca.

Lágrimas altas de embriaguez,
lágrimas de dicha olorosa,
como burbujas que nos trepan,
que nos florecen, nos rebosan,

que engloban el cielo y lo tiemblan
y lo sostienen tibio y trémulo
y ruedan luego abriendo un surco
de lava que ignora su infierno.

Siempre el llorar es don divino.
Llueven lágrimas de la amada
sobre nuestras manos culpables
y sentimos fuego en el alma.

Brotan puras como rocío
nuestras lágrimas tan sin nubes
—el cielo está limpio esta noche—.
La mina, el pozo tú lo nutres.

Sí, tú me has dado el don de lágrimas,
el mayor bien sobre la tierra.
Dígante mis lágrimas tuyas
mi amor inmenso que te anega.

AMAR, QUERER

DÉJATE amar, que te amen cuantos quieran.
De corona de amor, flores de amores,
cíñete y enriquécete
las sienes y los pulsos;
que penetren en ti
las ondas bien nacidas

de los más puros corazones.
Déjalas en el tuyo
sosegar, remansarse,
transfundirse en tu sangre,
besarse unas a otras
y morir de ser ellas por ser tuyas.
Entre cuantos te amamos no hay recelos,
no hay celos. Tú nos juegas, nos renaces,
nos armonizas, nos aterciopelas
en la unidad de tu profundo acorde.
Y todos somos ya, más que nosotros,
tú, tú misma, crecida y confluente.

Que te amen, sí, conmigo,
mas que te quieran, no.
El quererte ha de ser tan sólo mío.
Sólo una puerta tu muralla ofrece.
Y ésa la gané yo en dura batalla
ofreciendo mi pecho a tus saetas.
Por esa estrecha ojiva,
ojo de cerradura inexpugnable,
desafiando la muerte,
penetré yo en tu atónito recinto
y despertaste en mí, por siempre mía.
Por ti multiplicado,
acudo a defenderte, a defenderme
—ballestas, piedras, pez hirviendo—
por todas las almenas
contra la hueste unánime al asalto.

Quererte, no. Porque esos que te quieren,
te quieren uno a uno o ciento a ciento,
te quieren, te desean, se eliminan,
se odian y te odian,

152

por humillarte a ti se confabulan.
Que te amen otros, sí,
pero no que te quieran.
Te quieren sin amarte.
Y yo no, niña mía, yo te amo,
yo te amo queriéndote. Y, si quieres,
te amaré sin querer, como tú quieras.

CANCIÓN DE LA PENA ABRILEÑA

CANCIÓN de la pena infinita.
Canción de la pena no escrita.
El agua que hoy llueve es bendita.

Canción de la pena abrileña.
Canción de la pena norteña.
La lluvia a llorar nos enseña.

Canción de la playa perdida.
Canción de la espuma absorbida.
Canción de la muerte en la vida.

Canción de dos almas gemelas.
Amor de las dos paralelas.
No se unen jamás sus estelas.

Canción del jamás en el suelo.
Canción del quizás en el vuelo.
Canción del compás en el cielo.

LOS ÁRBOLES DEL AMOR

AMA el árbol con sus flores,
con sus besos de colores,
canta el árbol sus amores,
sus amores de tenor.
Flores de carmín y grana,
moradas por la mañana,
malvas la noche temprana,
los árboles del amor.

De todas las maravillas
de abril y de sus vistillas,
de sus palios y sombrillas
de hoja nueva y nueva flor,
me quedo con las «olaias»
—caminos hacia las playas
de Portugal y sus Maias—
los árboles del amor.

Mis amigos de El Retiro,
yo os recuento y os admiro
y con vosotros deliro
de fuego devorador.
Los ruiseñores, los tordos
se quedan mudos y sordos
cuando estallan sus fabordos
los árboles del amor.

Yo os abrigo en febrero
y en marzo espío y espero

154

y en abril soy el primero
en denunciaros en flor.
Ya triunfó la primavera,
la siempre nueva y primera,
ya incendian su cabellera
los árboles del amor.

Pero este año es distinto,
su color es más retinto,
más violeta, más corinto,
más sangrado de furor.
Porque con todas sus flores
cantan —coro de tenores—
nuestro amor, no sus amores,
los árboles del amor.

AMOR SOLO

SÓLO el Amor me guía.
Sólo el Amor y no ya la Esperanza,
sólo el Amor y ni la Fe siquiera.
El Amor solo.

Tú, amada, a quien amé
y no sé si desamo,
vosotras, mis amantes, que me amasteis,
que me amáis todavía, que ancorasteis
de ancla o de cruz de amor hasta la muerte
vuestros leales corazones míos:
quedaos lejos, más lejos. E invisible,
ya irreal, fantasmal, tú, mi penúltima,
lejos, más lejos, no te necesito.

Es el Amor, sólo el Amor, sin nadie,
quien se mueve y me embriaga y me libera
y en su reino de luz soy todo alas.

Amor, Amor, por fin te veo y creo.
Veo, toco tu faz sin antifaces.
Sí, ya eres tú, la fiera de tus ojos
sigue siendo la misma, la que ardía
—taimada y doble ascua, infierno en cielo—
asomando a la tela sin pestañas
—cerco de ojales crueles de tijera—
de las sedas extrañas que abultaban
narices deshonestas, que a las bocas
no querían cubrir, pozos impúdicos
si abiertas, flores si cerradas,
vírgenes flores misteriosas, serias.

Pero tú, mi Amor solo, tú, mi pascua,
fuiste dejando deshojar el lastre
de tus sedosas máscaras: la verde,
la de rústica rosa ensangrentada,
la de amarilla palidez dulcísima,
la negra acuchillada de fulgores.
Mis manos, torpes, las acariciaban,
querían desgajarlas, pero en vano.
Ellas reían o quizá lloraban,
mientras mis dedos patinaban sedas
y ni un pliegue fruncían.
Y, ensortijando atrás cabellos de humo,
del enigma luzbel se consolaban.

Tú, mi incesante, océano sin fondo
bajo la espuma varia de colores,
esperabas la fecha, mi desánimo,

156

mi reniego y renuncia,
mi cerrar de ojos crédulos,
para calladamente desprenderte
de la hoja o antifaz, roto el pedúnculo.
Y al alzar yo mis párpados
no te reconocía.
Tardaba en darme cuenta meses, años,
de que era un nuevo carnaval, un símbolo
de otro matiz quien con los mismos ojos
—de otro timbre también pero la luz
magnética la misma— mujer nueva,
eterno amor mentido, me esperaba.

No, Amor sin ella, Amor definitivo,
mi Amor, ya para siempre descubierto,
Amor vacante, Amor o acaso Muerte,
mi antiyó, mi antivida,
tú, mi Amor, mío, eternidad lograda,
cielo en la tierra, ancla de Dios
descendida a mi arena submarina
entre un fragor sublime de cadenas.
No. Tú, Amor mío, no eres ellas, no,
sino quien tras de ellas se escondía.
Y yo, en tu rayo y rayo, yo en tu hierro,
celeste Amor después de las mujeres,
—oh revés, mascarilla de la amada,
cóncavo encuentro de último infinito—
yo, vaciado en ti, tu forma beso.

SONETOS A VIOLANTE

(1951-1957)

SONETO A VIOLANTE

YO no sé hacer sonetos más que amando.
Brotan en mí, me nacen sin licencia,
los hago o ellos me hacen. Inocencia
de amor que se descubre. Tú esperando,

tú, mi Violante, un sueño acariciando,
¿cómo quieres que yo no arda en vehemencia
y por catorce llamas de impaciencia
no exhale el alma que te está cantando?

Si yo he amado volcán, árbol y torre,
si te abraza y te abrasa y te recorre
hiedra envolvente y sangre surtidora,

si eres musa y mujer, pena y secreto,
te he de entregar celoso mi alfabeto
que de ti y de tus labios se enamora.

LA LLAMADA

A nadie espera ¿a nadie? a nadie espera.
Ya nada quiere ¿nada? nada quiere.
Vive en la nada y en el todo muere.
Sueña que muere y viva desespera.

Una mano que duda, que se altera,
que se arrepiente, y vuelve y con ahínco
—tres, cuatro, cero, ocho, nueve, cinco—
hace girar la rueda mensajera.

Un timbre llama, calla, una esperanza
responde oscura, el alma en el alambre.
Por el hilo de cobre se abalanza

el oro de una voz, mieles de enjambre.
Un mundo va a nacer. Todo es mudanza.
La vida pende de un torcido estambre.

AZUL EN ROSA

DUERME un poco de azul en esta rosa,
color de romería y de verbena
—pito, confite, rosca que envenena—.
Una gota de cielo que se posa

en la sangre con nieve o puro rosa
de rojo a blanco, y ya el pandero suena
y se alegra el torrente de mi vena
de azulez reflejada y tumultuosa.

Me la ofreció Melania, sin recelo
de su nombre de luto. ¿Tan oscura
la rosa puede ser, grana, sangrada,

morada de pasión y terciopelo?
Yo pienso en ti, Violante, en tu hermosura,
oh mi noche olorosa y no cortada.

ANAGNÓRISIS

DE pronto nuestro ser se nos revela.
Y ha sido la Poesía pura, pura
—nuestro vértigo azul, nuestra ventura—
la que al fin nos desnuda sin cautela.

La creíamos madre nuestra en vela
y es nuestra hija, nuestra criatura.
Amantes somos, del azar hechura,
y atrás se trenzan ya estela y estela.

Libre es la luz que de los cielos mana
y tú eres mi amorosa y no mi hermana.
Nos estamos amando, tuyo y mía,

nos amábamos ya, nos amaremos,
y a ti, cándida Rima, a ti debemos
deseo y presa, garra y fantasía.

EL NUEVO SER

¿Y ahora resulta que las musas aman,
que las musas amáis, que sois mujeres,
que ya me estás queriendo, que me quieres,
que no quieres volver donde te llaman?

¿Que tus cinco sentidos se te inflaman
y tu piel está loca de alfileres?
Carne, celeste carne, ¿también eres
sensitiva a los dedos que te enraman?

Ven, que quiero obtener tu timbre puro
y liberar del éxtasis tu arpegio.
Ven que te arranque un son de sortilegio,

tu nunca oído son que te inauguro.
Ven ya que te bautice entre mujeres:
Violante, el nombre crea, mía eres.

SECRETO Y PROMESA

NO me mandes hacer nuevos sonetos.
Uno querías, once van cantando
—pájaros del misterio, todo un bando—
a arrancar tus más íntimos secretos.

Dulce es oír en números concretos
que por el aire van enamorando
músicas nuestras. Y ellos preguntando:
—¿Quién es Violante, reina de decretos?

¿Alienta? ¿Es sólo un sueño? ¿Antaño? ¿Ahora?—
Mas desde hoy si quieres que prosiga
déjame que sin rima engañadora

el alma misma de mi lira vibre
para que así te cante y te bendiga
y tú más honda esencia al fin te libre.

NOCHE DE SAN LORENZO

LLAMAS errantes: ésta es vuestra noche,
es vuestra epifanía, es vuestra gloria.
¿Almas visibles sois en trayectoria
de purgatorio a cielo? ¿O sois desmoche

de ángeles rojos que el infierno abroche
en sus hornos candentes de memoria?
Estrellas os llamaron, oh ilusoria
fantasía, oh magnánimo derroche.

No sois estrellas, no, no despeñadas
rayáis con vuestras uñas las cerradas
moradas de ese duro firmamento.

¿Carbones, ascuas, chispas de parrilla?
Centellas de mi amor sois en traílla,
crines errantes de mi pensamiento.

INVISIBLE

Y cuando todo era horror, negrura,
revolotea un sobre azul convento
y se me posa —apenas pensamiento—
en mi mano de asombro y de ventura.

Tuya es la cifra, tuya la escritura,
tuyo el resquicio en el buzón del viento,
tuyo el temblor, la gracia y el acento,
tuyo el secreto y mía la dulzura.

Esconderé —no temas— pliego y rasgos.
No han de jugar con él duendes ni trasgos
ni lo ha de profanar mirada impía.

No sabrán de él ni llama ni fortuna,
que sé hacer invisible a sol y a luna
bergantín fondeado en mi bahía.

LA FALTA

MI lección no escuchaste. Tú no estabas
entre el callar del mirlo y el convento
del unánime y dulce pensamiento
de las alumnas nuevas. Tú faltabas.

(¿Te pondré falta?) Rítmicas, esclavas,
por aquel virreinal recogimiento
—tu paraninfo en palosanto atento—
mis palabras volaban. ¿Qué orotavas

de amor, teides de éxtasis sublime,
lagunas hondas de estrellor secreto
te me hurtaron? ¿Por qué no estabas, dime?

Salí al claustro, era ya la noche alta
que clausura la flor y abre el soneto.
Y miré al cielo y no te puse falta.

MANO EN EL SOL

MANO en el sol, tu mano transparente.
¿Te acuerdas? Oh prodigio. Traspasada
de rosa eternidad, transfigurada,
era lámpara o jaula incandescente.

Tú la mirabas. Todo lo inmanente
se te hacía real de gloria alzada.
¿Ángel serías, ángel sin espada?
No, que esta aurora es carne. El sol no miente.

Futuro paraíso de falanges,
de alabastros, vidrieras y losanges,
tu mano, sin morir, ya te interpreta.

Esqueleto de dogma, el sol cristiano.
Diáfano el ser, mirando estás tu mano.
(La otra en sombra.) Cántalas, poeta.

LA VENUS DEL ESPEJO

PENSEMOS en la muerte enamorada,
la muerte que es la espalda de la vida
o su pecho quizás, ida o venida,
que hasta abrazarla no sabremos nada.

167

Creemos que la vida es nuestra amada,
que la besamos en la frente ardida
y que detrás hay una nuca hundida
que acaricia la mano trastornada.

Y vivimos tal vez frente a un desnudo,
una espalda hermosísima o escudo,
la Venus del espejo de la muerte.

Más allá, al fondo, sus dos ojos brillan
de malicia o de amor, nos acribillan.
Oh Venus, ven, que quiero poseerte.

¿DE VERAS?

¿DE veras necesitas de mis rimas,
te alientan, te alimentan en tus claras,
en tus oscuras soledades raras
—tú, vórtice, epicentro, alud de climas—?

Cuando te entrañas y sin ti te intimas
y tu propia oquedad desenmascaras
y ya no oyes la piedra que arrojaras
alma abajo en la sima de tus simas,

¿pueden mis versos remontar el vuelo
por tus cóncavas playas interiores,
pueden acariciarte, alzarte un cielo,

encenderte un anhelo de rubores,
susurrarte un dulcísimo martelo
de sílabas en flor para que llores?

ÁLAMO CERRADO

CUANDO estoy a tu lado ¿por qué callas?
Tus labios apretados, di, ¿qué río
interior te represan, qué rocío
roban volando y brillan, y batallas

contra ti misma y tiemblas y avasallas
tu cauteloso amor y en desvarío
le haces estremecer de escalofrío,
amor amordazado en tus murallas?

Toda eres tú temblor de álamo verde,
temblando estás —mi brisa te remuerde—
raíz, tronco, ramas, hojas, flores, cielo.

Y se te asoman lágrimas de savia
y te rezuman éxtasis de labia
y te lastiman pájaros sin vuelo.

VOY A DECIRTE ADIÓS

VOY a decirte adiós. Ay, ya es hora,
ya es noche casi y soledad apenas.
Quiero absolverte en paz, abrir cadenas,
devolverte a tu vida. Adiós, pastora

de enfaldado sombrero, engañadora
de todos los corderos de mis penas.
Adiós, razón, marea de mis venas,
Adiós, mi siempre isleña. Y llueve ahora,

ahora que a mi renuncia he puesto el sello,
ya en soledad de ti, niña en cabello,
y dulcísimamente se me queja

la lluvia, o ¿es tu charla *sotto voce*?
y dulcísimamente se me aleja,
Viola mía, Violante. Y ya es de noche.

CANCIONES A VIOLANTE

(1951-1958)

AHORA QUE EL VERSO VUELE

AHORA que el verso vuele y vaya suelto,
creándose su forma, su capricho,
su cola, surco, espuma: pez de plata
sinuoso en los senos de agua verde,
en el azul del aire
timón de ave feliz.

Porque tú estás aquí conmigo, ahora,
te estoy sintiendo lírica a mi lado
y yo, sin calcular bóvedas, sílabas,
te susurro al escucho mis secretos
que son y fueron ya los tuyos.

Violante, mi Violante anticipada
¿y tú me estabas ya queriendo?
Antes que tú existieses en mis ojos,
que yo en los tuyos,
¿mi verso en ti existía,
te sostenía azul, te abría alas
para los más audaces sobrevuelos,
te hundía en enigmáticos abismos,
te devolvía al sol, te buceaba?
Mi verso en ti, besado por tus labios,

desmenuzado —oh dicha— por tus dientes,
más tuya, más eterna, más mía te rendía.

Tú le obtenías íntimos misterios,
sentidos nuevos, tan ocultos,
minas que generosa le inventabas.
Y acariciando así a mi hijo,
me acrecías a mí.
Obra soy tuya, mi increada hija,
mi creatura creadora.
¿Es un incesto, pues, lo que nos liga?
¿Este inocente verso es sangre?
Dime, Violante ¿y desde siempre
tú y yo nos parecemos?
Mírate en el espejo ¿es esa llama
la llama de mis ojos?

Y yo quería descifrarte
y eres tú quien me sabes, quien me dices
lo que hube en otro tiempo sido,
lo que tú sonriendo me añadías.
Ayúdame a creerme. Canto, existo.

EL PARÉNTESIS

DÍMELO, sí, en voz baja, entre paréntesis.
Entre las dos paredes del paréntesis,
paredes curvas para la caricia,
para el manso susurro
y el acústico, íntimo misterio.
Dímelo con tu voz urgente y lírica,

tu voz de estrella en celo.
Dímelo, sí, como si me escribieses
en el sueño canela de la playa
a punta de sombrilla
para que yo temblara
entre el vaivén de espumas
y el temor de pisar tu corazón.

¿Te acuerdas del paréntesis
que abriste, que colmaste, que cerraste
sólo para el torrente de mi vena?
Nadie —escucha— nos oye, nos sospecha.
Nos están viendo juntos
y creen que es azar,
confluencia, patrocinio,
todo lo más literatura.
Gente sin fe, nos miran espiando
y ni siquiera saben vernos.

Es el momento ahora del paréntesis, de la elipse,
las dos curvas columnas
y el secreto entre dos focos.
Lo que tú lentamente, dulcemente
para mí rezas desde tu escondite,
mi caracola absorbe y atesora.
Y nadie en el recinto abovedado
—todo el cielo ya íntimo—
puede captar la onda purísima.

(Dímelo, Viola mía, entre paréntesis.)

SOR VIOLANTE DO CEO

...lo que es del sueño, Amor».
Así termina mi segundo sueño,
nuestro segundo sueño, no a Sor Juana,
a Sor Violante en brindis ofrecido
que sube al alto barandal del cielo.

Sor Violante do Ceo,
nombre de monja azul,
de rosa pecadora,
color carmín o sangre de Violante.

Ay, Violante del Cielo,
casi suicida, llorando desde el palco,
tuyo es lo que es del sueño
y mi verso de gala y tus flotantes
tocas almidonadas de invisible.

Sí, yo te he visto, estrella en la anestesia,
yo te he visto en el alba
inclinarte —tú, mi álamo cerrado—
con llovedora vocación de sauce,
mojarme de promesa y de sonrisa,
de tu triste sonrisa tan alegre
de niña travesura,
y vibrarme un relámpago
a mis ojos aún túmidos de éter.

Tú, mi monjita azul y esos tus ojos,
banderillas de fiera

176

clavándome, horadándome,
taladrándome ojos, manos, huesos.
Así miran monjitas inocentes
y miedos de las noches veladores
y pupilas de alimañas en sus cuevas.

Y tú inclinándote, agitando
la cucharilla en la infusión de salvia
y disolviendo su amargor en música
de mirada y sonrisa,
de sueño al que el amor ya pertenece,
ya para siempre, siempre se entregó.

QUERER QUERER

PARA quererte a ti, querer quererte.
Yo te quise querer, y ya te quise.
Cuando escribí «te quiero»,
en la *t* todavía no sabía
si te quería o te querría,
pero al cerrar la *o*
ya me temblaba del estar queriéndote,
—como un árbol de estrellas
que apaga, enciende, apaga el huracán—
mi entero ser, mi ímpetu varón.

Para quererte a ti, querer quererte,
querer que no te quieran.
Aunque te quieran, te quisieran,
te cubrieran de amor hombres y siglos
sin dejarte un resquicio para un beso.

12 - 2870

Para quererme a mí, mira el espejo.
La que te mira y te sonríe
ya no eres tú, es mi alma que te crea,
que se viste de ti.
Para quererme a mí, querer quererme
y al escribir «te quiero», dibujarme
con tus ojos cerrados,
con mis ojos abiertos.

QUISIERA SER PINTOR

QUISIERA ser pintor para pintarte.
Una pintura —quieta, no te muevas—
está fuera, ahí, existe.
Una pintura, un naipe solo, urgente
—ejemplo, el de Casilda la de Ocaña—
es color y es engaño,
es alma y cuerpo, es todo un ser.
Un ser que apuesta a ser
con el movible y variable,
estándose él siempre quieto y hondo
en su ser verdadero.

No basta, no, la fiel fotografía,
consuelo en la cartera
entre un pañuelo, amor, y un corazón.
Falta el color y el alma
y la trampa, el engaño que interpreta,
que se apropia lo eterno, el ser del ser,
el ser que no será, que no fue nunca
—un poco más de ala en ese labio,

corrígeme la sien gastada a besos,
y en la mirada la lágrima inédita
alúmbramela, báilala, oh pincel—.

Pero no el lienzo ajeno
de oficial o maestro de academia
—pretexto a vanidad de calidades—
es el que yo codicio.

No quiero traficantes con tu gesto,
con tu postura en balde sorprendida,
con la arcilla celosa de tu piel.
La pintura que invento
ha de ser toda mía, sólo mía.

Un retrato sin réplica,
una Violante como yo la miro,
transparentando el mar, la tierra, el cielo,
enviolando contornos, luces, lejos,
vibraciones, países,
ejemplar único
—codiciable, robable, combustible—
perecedero, ay, como el otro,
ese de cuerpo y hueso y alma,
ese que yo conozco
y no es de nadie ni siquiera mío.

Qué torpes estos rasgos de mi pluma.
En ellos ya, reflejos de reflejos,
tú no te reconoces.
No puedes decir: «Sí, yo soy así.»
«No, yo no soy así, yo no me encuentro.»

Un poeta, Violante, es un fracaso,
un desintegrador, un disolvente.
Y yo te querría entera y de una pieza,
nacida de mi mente y mi cariño,
simultánea, creada, belardesca.

Quisiera ser pintor para pintarte.

Y QUISIERA SER MÚSICO

Y quisiera ser músico...
músico de verdad, no de los pobres
que ajenas pautas sueñan como propias,
equilibristas por los cinco alambres
con riesgo a cada pájaro
de romperse la crisma.

Músico ser quisiera
para con miembro y miembro componerte,
proyectarte en el tiempo y habitarte,
entrañándome en ti por mí inventada,
en el calor feliz de tu regazo,
prenatal, posmortal y virgen siempre.
Sería yo tu padre
y tu hijo a un tiempo mismo
en tu sonoro seno yo sería.

Porque tú, aunque visible,
no estás del todo hecha
hasta que nazcas florecida en música,
arraigada en acordes giratorios

de colorida y cálida armonía,
pulsada en anhelantes ritmos,
cifrada en temas, presa para siempre
en la azul, rompedora de horizontes,
irreversible melodía.

Y entonces esa música latente
descubierta por mí, la que en ti duerme,
nacería de mis dedos y mis labios
a enriquecer el mundo
con el más milagroso presente
del hombre para el hombre,
con la divina del amor nacida
carnación de mujer, sueño hecho tú,
música nueva, fe, supremo don.

ME ESTÁS ENSEÑANDO

ME estás enseñando a amar.
      Yo no sabía.
Amar es no pedir, es dar.
      Noche tras día.

La Noche ama al Día, el Claro
      ama a la Oscura.
Qué amor tan perfecto y tan raro.
      Tú, mi ventura.

El Día a la Noche alza, besa
      sólo un instante.
La Noche al Día —alba, promesa—
      beso de amante.

Me estás enseñando a amar.
            Yo no sabía.
Amar es no pedir, es dar.
            Mi alma, vacía.

VIOLANTE AUSENTE

VIOLANTE ausente es más que muerta Laura.
Porque Laura para el de Arezzo estaba viva
en el recuerdo cotidiano acariciado,
viva en el cielo de la fe
y ya imposible amada entre los brazos.
No, no es verdad, Belardo,
lo de «resuelta en polvo ya mas siempre hermosa»
y «me da guerra cuando en paz reposa».
No dan guerra las muertas
a sus amantes, las hermosas muertas,
las amadas inmóviles.

Otorgan paz celeste, azul beleño
al retrasado en tierra enamorado.
Son las vivas ausentes, las lejanas posibles
las que guerrean, amazonas crueles,
flechándonos saetas invisibles
desde su insituable corcel.

Quien da guerra eres tú,
eres tú, mi Violante, ¿mi Violante,
Violante es mía? Y ésta es la pregunta,
la batalla sin tregua
que tú me libras desde tu escondite

tan lejos y al alcance de la mano.
Lejos y cerca no tienen sentido
cuando se sabe y cuando no se sabe
dónde estás tú, vedada, rigurosa,
para siempre perdida, viviente y hermosísima,
todavía posible en un milagro
del azar metafísico,
todavía posible, y casi cierta,
abandonada en otros brazos.

LLUEVE

LLUEVE. Aquí en la montaña.
Aquí se vive la lluvia,
porque la lluvia está viva.
En la ciudad cae muriéndose
de sentirse rechazada
incomprendida.
Llueve en la hierba y la hoja,
en la roca y en la lana
de las ovejas sin prisa.
Llueve y ya se va borrando
el paisaje y se hace íntima
la realidad que con sueños
confusamente confina.
La lluvia todo lo acerca
porque es el sueño de un arpa
que en sus brazos nos dormía.

Todo es posible en la lluvia,
todo lo que se quería.

Ella nos lo trae al huerto,
al zaguán que se ilumina
de la luz más universa,
cenital, surtiente, oblicua.
Ella nos deja en los brazos
como un brazado de espinas
y de flores de otros tiempos,
de otros suelos y otros climas.
Ella cuenta certidumbres.
Todo es verdad en poesía.

Ella es la ausente en la mano,
el ave pródiga en jaula
que volvió porque quería.
Viendo y oyendo llover,
oliendo la lluvia misma,
besándola con mis labios,
y con mis dedos incrédulos
tañéndola
llaga adentro en sus costillas,
he sabido al fin quién es
la paradoja, el sofisma,
la que está porque no está,
la ausente de su visita.

He sabido que eras tú
que volviste
y esta tarde me querías.

LA PENA DE SENTIDO

LA pena de sentido
es la pena más honda.
Y de todas las penas de sentido,
la pena del oído.

La vista se consuela
repasando, reiluminando sus estampas,
en el sueño y la vela.
El tacto no te sabe,
el gusto no te supo,
el olfato te ignora, flor cerrada.
Pero el oído
entre la orquesta toda alada
busca el hilo sutil de tu sonido.
No importa la palabra, el pensamiento,
el halago, el deshielo de la esfinge.
Lo que busca el oído,
lo que la pena finge
es la miel del acento,
la insinuación del cante
—tu dulcísima isa
disimulada en brisa—
y el violín y la viola de Violante.
El arroyo que fluye,
el bosque que se queja,
y el mar soñando que en tu voz se aleja
y el flautar de la aurora que no huye.
Es la sal, la alegría
mojada en no sé qué melancolía,

la clara certidumbre
de que la luna tañerá su lumbre
mezclando risa en lloro
y plata de teclado en arpa de oro.

Y no puedo, no puedo
corporeizar la más mínima onda
de tu suave crear desvanecido.
Por eso es más que todas honda
entre todas las penas de sentido
la enamorada pena de tu oído.

ALLEGRO DE CONCIERTO

Y me pongo a tocar
tu alegre y triste allegro de concierto.
Tú sabes bien cuál digo,
qué oleaje de amor, nave de fuego.
La música ¿es la magia?
La espiritual ¿tendrá el poder inverso
de materializarte,
aquí a mi lado, quieta, sonriendo?
¿Como estuviste acaso
casi llorando, digna del misterio?
Misterio de la música,
mística del tañido y del silencio
que así pulsas y besas,
que así rocías corazón abierto.

Te lo diré. La magia
de la creciente que de sí rebosa

reside en la absoluta
donación de su ser, de su persona.
Su entrega es infinita
y al desnudarse en círculos de gloria,
la música, alma y cuerpo,
se enajena total y se nos dona.
De tal manera es nuestra,
tras de la posesión aquí y ahora,
que existe porque acaso
existimos nosotros
—oh progenie dichosa—
los que en ella creemos
y al escucharla la inventamos forma.
Oírla es ya creerla.
Porque la oye, no porque la toca
la está amasando el diestro,
aunque gocen sus manos
delicias y evidencias escultóricas.
Ni siquiera el profundo
inventor de su carne azul y rosa
fue más que el que la oyó
antes que nadie, el que la despertara
de su prístina aurora.

La música es la ella
que ya no es ella, que es ya mía y tuya,
la que es porque no es
y del no ser en ella, su ser funda.
Ella es la poseída,
la que en sus piernas no se afianza nunca.
Y por eso ella eterna
nos hace al deshacerse, nos regula
y nos azota, virgen
en plena posesión, ola en la amura.

Terminamos por ser
sumidos en su onda vagabunda
lo que ella quiere, ella
nos desposa y nos ata
y en transfusión de sangre nos aúna.

Así aquel día único
mis inspiradas manos te creaban
al crear el allegro,
al crearle del sueño o de la nada.
Tú empezabas a ser,
tú te sentías nueva,
nueva tu piel, tus alas, tu garganta,
plena de tu derrame
y tuya en ella y mía enamorada.
Sobre sus altas olas,
ola tú misma ardías y rodabas
y al romperte y abrirte
las notas que yo helaba eran tus lágrimas.
Y llorabas. La Música
es el Amor, la entrega de alma a alma.

Por eso hoy abro el piano
y me pongo a rozar tu alma indefensa.
Avanza firme, dura,
se exalta, llora, se extasía, sueña.
Eres tú, sí, eres tú
la que en mis dedos nace y se recrea
de la tierra de nadie
de la renuncia y dádiva suprema,
tú, presencia, amor, música,
tú, mía para siempre y ya obediencia.

TÚ TE LLAMABAS ISLA

Tú te llamabas Isla, Elisa, Elsa.
Yo me llamaba, ¿me llamaba yo?
Yo no tenía nombre. No. Yo no
me llamaba. Y tú me preguntabas,
me preguntabas siempre. Y yo estuve
por decirte: me llamo Cisne, Nube,
Melibeo, Calisto, Elisabad,
Islamey, Lohengrin, Ulises, Cero.
¿Cómo me llamo? ¿Y tú me lo preguntas?
Me llamaré, me llamarás Tequiero.
Pero tú preguntabas, preguntabas.
Y otra vez era tu segundo sueño.

ESCÓNDEME EL SECRETO

ESTÁ de moda el verso triste,
el verso rojo, el gris de plomo, el negro.
¿Quién que es no es social?
Pero contigo no es posible.
Pienso en ti y toda angustia se disuelve.
Tengo pena, sí, pena
de sentido y de alma,
pena de ti y sin ti
(no puedo estar sin ti, estoy sintigo).
Mi verso en cambio sabe que le quieres,
que en él pusiste y guardas tu ilusión.

Sí, yo estoy triste,
escóndeme el secreto,
hasta la muerte, hasta la vida misma,
pero él, el niño, nuestro niño
juega por ti llorando su alegría,
riendo mi tristeza.

GLOSA A VILLAMEDIANA

(1952-1961)

SONETO

MILAGROS en quien sólo están de asiento
alta deidad y ser esclarecido,
resplandeciente norte que ha seguido
la imaginaria luz del pensamiento,

a cuyo libre y vario movimiento
del vivir y morir se tiene olvido;
éxtasis puro del mejor sentido,
misteriosa razón del sentimiento.

Ejecutiva luz que al punto ciega,
noble crédito al alma más perdida
donde son premio muertes y despojos,

oriente a quien la noche nunca llega:
cierta muerte hallara en vos mi vida
a ser morir, morir por esos ojos.

13 - 2870

GLOSA

I

CANTAR quiero ese cielo que me elige.
Un cielo, no, dos cielos dulce amparo
me brindan. Que a su cómputo preclaro
la paz del paraíso me prohije.

La luz mana y sonríe y se hace dije
en mis dedos, se filtra en mi reparo,
me empapa de un diamante azul de faro,
me talla en mil facetas y me rige.

Desconocedme ya. Todo yo miento
un fulgor que no es mío, un ardor puro,
un resplandor de eclíptica y coluro,

de celeste, armilar merecimiento.
Porque me están mirando, a mí, el oscuro,
milagros en quien sólo están de asiento.

II

No me atreví a leerlo. Era increíble
para sueño de un viaje, para viaje
de un sueño deseando aterrizaje,
acielaje más bien, cielo visible.

No era a mí a quien furtivo —no, imposible—
secreto entre pestañas el celaje,
venía consignado aquel mensaje
en imán alfabeto irresistible.

Mas de pronto un relámpago a deshora
me fulminó, durmiéndose —oh demora—
en tan verde y marrón destello ardido,

que ya no dudé más. Mío era el cielo,
para mí sólo oriente y terciopelo,
alta deidad y ser esclarecido.

III

En nueva adolescencia se desmaya
mi rigor de varón. ¿Estoy viviendo
o desviviendo? Olvido o desaprendo
lo que quizá no supe. Venga o vaya,

mi vida un nuevo rumbo busca, ensaya.
Ésa es la noche, sí. Y yo me tiendo
para mirarla alta, reimprimiendo
aquel mi impromptu lírico en la playa.

Ésa es la noche, el coto astral en veda,
las miradas de amor en la alameda,
rueda de las doncellas de Cupido.

Al sur, que comenzó, vence ultramundos
—mis ojos se hacen cálidos, profundos—
resplandeciente norte que ha seguido.

IV

Pero la noche cesa, el alba impura
la borra en suciedad de desmemoria.
Y apagados los fuegos de mi gloria
revivo la infinita desventura.

A tan confusa luz mi piel supura
cruda evidencia existencial, historia,
y hurtándome al resol, en ilusoria
venda mis ojos abro a la hermosura.

Pozos que tanta gloria reflejaron,
aguas que tales lumbres palpitaron
ciérrense al ciego sol, nieguen su invento,

escóndanse en sus nichos de vergüenza.
Y sola, ardiente en el recuerdo, venza
la imaginaria luz del pensamiento.

V

Vuelve la noche, oh dicha, a cuyo brillo
no hay mortal que no tiemble, religioso.
La noche para el ánimo hazañoso,
con pupilas de tigre y cervatillo.

Vuelvo a veros, mis noches, de amarillo
latir, trémulo éxtasis, moroso
centellear, salvando el hondo foso,
la soledad del hombre en su castillo.

Mis noches, mis dos noches o una sola,
repetida, eco mutuo, en dos estrellas
fijas y errando a un tiempo en su aureola,

a cuyo oblicuo y vago firmamento
la brújula de amor alza querellas,
a cuyo libre y vario movimiento.

VI

Muévense plateando en sus esferas
las dos felices diosas, las mellizas
niñas madres del sueño, perdidizas,
traidoras, penitentes, halladeras.

Muévense en sus marinas resalseras
sus muelles suspensiones tornadizas,
muévense y velas, jarcias, cables, drizas
tiemblan de amor a un ritmo de banderas.

Muerte es quietud. La vida es movimiento.
Trueno ensordecedor duerme en el viento
y el rayo le despierta el estampido.

Amaina el temporal, torna la calma.
Altas, las niñas mécense en su palma.
Del vivir y morir se tiene olvido.

VII

Ahora las dos se aquietan, oh reposo,
oh nivel de niveles manantiales.
Las dos linfas bellísimas, caudales
borbollan su cariño sigiloso.

Secreto del amor: para mí ocioso,
para mí solo vuestras credenciales,
vuestros besos de onda tan labiales.
Fluidme, derramadme el río undoso.

Bañadme ojos y labios, barba y pecho,
zarza encendida y humedad de helecho.
Yo no soy yo, soy túnica de escamas.

Dejadme quieto así, mojado, ardido,
traslúcido de amor, agua de llamas,
éxtasis puro del mejor sentido.

VIII

Volando van espíritus de oro,
átomos de amatista y de granate,
volando vienen, frente de combate.
Tras mis cobardes párpados, me azoro.

No son ascuas ni láminas ni toro
erizado de fuegos y acicate.

Son espíritus, penas en rescate,
ánimas de una luz donde me ignoro.

Son la flor de la mente, la noticia
de un edén, de un jardín que ángel alguno
profanó con su espada gentilicia.

Son fábula y candor, entendimiento
de cielo y mar, de Urania y de Neptuno,
misteriosa razón del sentimiento.

IX

Ay del que descuidado en su costumbre
se descubre a las chispas siderales.
Más le valiera en sórdidos pañales
mamar leche de muerte azumbre a azumbre.

¿Cómo pensar que en medio a tanta lumbre
lejanísima, polvo de cristales,
tela de araña en palcos celestiales,
iba a punzar la gémina vislumbre?

Mis ojos se abren, sí, mas no avizoran,
miran y nada ven, recuerdan, moran
en la memoria arcaica y nocherniega,

desde que se expusieron candescentes
a esa luz de biseles y rompientes,
ejecutiva luz que al punto ciega.

X

El alma se me va, se me derrumba
allá por los barrancos, se me abisma
en la paz del no ser, se me ensimisma
en su oscura matriz de catacumba.

Mejor no ser, no ser, que no me incumba
el honor de existir, la duda, el cisma.
Nunca haber existido: la fe misma,
la identidad del ser, rota, sucumba.

El alma se me eclipsa, se me ciega
(lejos está mi cuerpo, borra, niega):
¿se absolverá en la roca empedernida?

Mas no. Desde las fauces de la Nada
volvió a ser, volvió el Ser. Fue una mirada
noble crédito al alma más perdida.

XI

Entre todos aquellos que os amen,
luceros por milagro repetidos,
véspero y alba en yugo de oro uncidos,
se ha de librar un áspero certamen.

Robador del botín aunque me infamen
quisiera ser. Y vuelan mis sentidos,

abejorros en mieles seducidos,
contra los aguijones del examen.

Lucha a muerte o a vida, a eterna fama
o a súbito expirar carbonizado
por la tensión diamante de esos ojos.

Dejadme ya volar por esa llama,
delirio del más ser, vórtice alado
donde son premio muertes y despojos.

XII

Ojos de amor, aun sin querer amando,
dejándoos desatar en melodía,
tan de Schubert, tan cándida, tan mía,
tan de gacela en celo, tan celando,

tan callando, cantando, enamorando,
derramando caricia, hechicería,
ángel de luna en río, fantasía:
ojos de amor, pichones de mi bando.

Míos sois ya, derecho de conquista;
os capturé porque la noche lega
quiere borrarme lámina y arista.

Bañadme en vuestra paz, vuestra refriega
y eternamente enjoyará mi vista
oriente a quien la noche nunca llega.

XIII

El amor y la muerte. No. El amor
o la muerte. Es la misma identidad,
haz y envés de una única verdad,
moneda a cara o cruz, vuelo de azor.

Muerte de amor, amor de muerte, error
del ser, luz del no ser, corred, buscad
por el espacio el tumbo azul, contad
los minutos de azar y de esplendor.

Quiero morir, cesar, dejar de ser,
quiero amar, ser amado, huir, dormir,
cerrarme en mi apogeo, perecer.

Que si me apago viéndoos lucir
a vosotros, tan ciertos sin salida,
cierta muerte hallara en vos mi vida.

XIV

A ser morir, morir por esas lumbres,
bienvenida la muerte a mis umbrales;
por esas lumbres, brillos celestiales,
negror de blanca luz. Mis pesadumbres

de hombre esclavo de sombras y techumbres
desvanecéis, oh estrellas tan fatales,
besos del más allá, trascendentales,
ángeles iris, flores de ultracumbres.

Miradme una vez más y todavía,
miradme hasta el desmayo y la agonía,
abanicando lágrimas y antojos.

Miradme, acribilladme viso a viso
y moriré en olor de paraíso
a ser morir, morir por esos ojos.

LIBRA

Y en el mar —cuerpo y sangre— el sol se hunde.
Pudo rodar, pero cayó al abismo.
Mírale tú con tus ojos de jaspe
que al furor cenital desafiaron.

Se está ahogando ya, y el mar piadoso
se lo traga en silencio, lo comulga
en especie de pan, sangre de estela.
Mis pupilas cobardes ya se atreven
a la cresta de fuego, al arco, al punto,
a la chispa tristísima, morada.
Y una llaga de ciego amarillea,
verdea en la cortina de mis párpados.
¿Así se hunde el amor, se hunde en el mar
de la memoria oscura ensangrentada,
dejándonos tan sólo un mapa ardiendo
si cerramos los ojos, una lívida
calcomanía cárdena, violeta?

Tú miras allá lejos, allá lejos,
patricia, remotísima, cesárea
—ultramar, ultrasol, ultrahorizonte—
y en la mica tan glauca de tu espejo,
tan soberbia en su luz, escondes trémula
cristales piadosísimos de lágrimas.

De pronto, a oriente vuelves la cabeza
en escorzado ímpetu —tan tuyo—
y —oh sorpresa, oh prodigio— la montaña
alumbra, hija redonda de la tierra,
una luna traslúcida, aerostática.

La balanza en el fiel. (Yo nací en Libra.)
Las dos esferas para que yo juegue
sopesando la nieve con el fuego,
el oro con la plata, la memoria
con la virgen, novísima esperanza.

No. No muere el amor, de Oeste a Este
por el mar, por la tierra, por el cielo
muda de antorcha, salta, se releva,
se transfigura, estrena en astro y brillo
—ya está la luna en plata llena amando—
para que tú, que luna y sol perennes
me escondes y me ofreces simultánea,
te hundas en mí, en mi mar, y nazcas nueva
y plena ya, de mi montaña grávida.

SED

*«Que aún tienen sal las manos de su
dueño.»*

LOPE DE VEGA

NACE de la roca el agua,
agua de la tierra ciega
para los labios del mar.
Y el mar no puede beberla.
Por más que hasta ella se alce
alborotando salivas
en espumas voladoras.

Ay la sed del mar, el fuego
de la sal que las entrañas
le abrasa, el líquido tántalo
—tántalo buzo en sí mismo—
por pecado original.

Ser forma para la sed,
ser materia para el beso
y no poder consolar
ni a los labios de la tierra
ni a la garganta del hombre.

Todo esto el mar lo sabe
y tú de él, que te lo cuenta
cuando en sus brazos te aduerme,
lo aprendiste.

205

Tengo celos
del mar, tan viril contigo,
del mar de quien te declaras
enamorada amorosa.
El mar sólo en ti refresca
su sed de llamas voraces,
sólo en tu cándido cuerpo,
tan dulce, ay, como esta agua
que ahora inocente balbuce
en la cueva nemorosa
su sueño de luz naciente.

Tú la escuchas intimada,
tan entrañada con ella
como si de ti naciera.
Y miras al mar y luego
miras, mis ojos, mis labios.
Y me la das a beber
—y a ti misma estoy bebiendo—
en la concha —agua bendita—
concha de sal de tus manos.

SOMOS

TAN seguro estoy de ser,
tan bien fundado en tu esencia,
que ni tú ni yo existimos;
sólo existe lo de ahí fuera.

Existen la luz y el llanto
y el silencio que nos sueña
y la soledad del mundo
de pronto a las seis y media.

Tú eres, sentada en el suelo,
y en mí apoyas la cabeza
y con tus ojos cerrados
me confirmas y me creas.

Yo soy, dándote universos
en versos de alma y conciencia
para que tú seas todas
y en todas única y tersa.

Cuando baja alguna pausa
y ahonda un pozo de agua fresca,
te abandonas al no ser
y eres más que nunca cierta.

Quiero cantar para ti,
mi escuchante magdalena,
quiero devolverte en músicas
lo que en bálsamo me esencias.

Yo soy, tú eres. En el aire
mis palabras romancean.
Abre en mis rodillas alas
el peso de tu cabeza.

DEL ESPEJO AL RETRATO

BESARSE bajo un retrato,
besarse frente a un espejo
es ahondar en dos abismos,
el del alma y el del tiempo.

El retrato nos contempla,
nos mira con ojos quietos,
nos bendice de esperanzas,
nos sonríe de recuerdos.

El espejo nos aleja,
nos irrealiza en su seno;
somos dos alas y un alma
en la luz de su misterio.

Por muy lejos que el cristal
nos absorba en su aposento
siempre estará a flor de labios
la vicisitud del beso.

Tú temblabas, toda nueva,
toda aroma, bisel, fuego,
y el marco oro de la luna
te concebía en su çerco.

Yo también de ella nacía,
hijo del no ser inmerso,
narciso unido a tus labios
sin agua lámina en medio.

Cuando despúes respiramos
todo el aire, el junio entero
—mariposas desdoblándonos
y las almas no pudiendo—

penetramos en la sala
como si el milochocientos
hubiera de confirmarnos
el equilibrio del vuelo.

Y esta vez fue bajo el óleo
—fuerza del sino en el lienzo—
segundo beso de vida
que anulaba espacio y tiempo.

CAPULLO

CAPULLO epitalámico, preguntas
y no sé qué responderte. Lo que esperas,
lo que sí y no deseas, inconclusa,
es la flor del no ser.

                    (Resbalarías
hacia el abismo con las alas turbias,
asiéndote a las zarzas, desgarrándote
sin noción ya del cielo y de la altura;
ya pierdes pie, te anulas en el vórtice,
te fundes, te disuelves, no eres tuya,
te desrealizas, túrgida, satánica,
ángela desatada.)

14 - 2870

               Y me preguntas
ahora con los ojos.
                 Y tus labios
tiemblan como diciendo: «Me da miedo...»

Y te tapé la boca.
No me preguntes nunca.

EL TÚNEL

SI yo soñando me pierdo
y tú soñando te pierdes,
tú soñando, yo soñando
cuando duermo, cuando duermes,

se encontrarán nuestros pasos
subterráneos o celestes
o por el fondo del mar
andando, andando, sin verse.

Y pues tu sueño de anoche
y pues mi sueño caliente
tan plúmbeo fue de cadenas
como el tuyo de grilletes,

no es posible que dejaran
de imantarse y de atraerse
a través de espesa roca,
violándola a torniquete,

desgarrándola a piqueta,
desjarretándola a diente
—obreros a veinte atmósferas
de negra pasión satélite—

hasta arrojarse en los brazos
que hallarán mutua rompiente
en el túnel de la vida
o en el túnel de la muerte.

ÍCARA

TRISTES miran tus ojos asomándose
a los míos, de bruces,
como a pozo sin fondo.
Miran ardiendo, desplegados, inmensos,
flotando como alas oscurísimas
que me van a azotar, que se me arrojan
y de pronto se quedan suspensas, maternales,
ocultándome el cielo,
cubriéndome de sombra poderosa.

Por tus ojos rasgados,
no por tus cejas,
que vuelan paralelas más arriba,
eres mi águila empírea.
¿Tan profunda tristeza de mí surte
y te llega a tus ojos? ¿Tanta vena
negra de azul marino ha de colmarte
la inmensidad de tu melancolía?

Suspensa estás, oh Ícara,
Ícara mía augusta,
detenida en tu ruta de suicidio
—un instante, un milagro—
madre infinita del amor.

Pero te hundes en mí
quemándote sin tregua, vuelco a vuelco,
en mí, sol tuyo, no, mar tuyo,
tu mar de fuego en vilo
que te lame, amor mío, y te devora
y vuelve a modelarte y a incendiarte
tus voladores, anchos ojos alas.

Tus ojos, tristes de no ver ya nunca el cielo,
me miran, se derrumban, no, me miran.

EL TIOVIVO

SOIS vosotras —lo sé— mis bendecidas
las que a la tarde y a la prima noche
cabalgáis en juguetes,
valkirias sin relámpago, amazonas
de dos pechos y un solo corazón,
no esgrimiendo las flechas herboladas,
sino abriéndoos crédulo el corpiño
para albergar las mías.

Todas vosotras sois, flores de antaño,
en la rueda sin ruedas de la vida,
en la rueda sin tiempo de la suerte.

Pasad, pasad, jinetes en los potros
de blancura de espuma o noche o fuego,
pasad, pasad, sonando espuelas, cascos,
cascabeles de plata, agudas risas,
glisandos de organillo y de verbena.
Pasad, pasad por turno, disfrazadas
de eternas niñas que en la mano aprietan
las monedas del pago,
para que otra vez más y todavía
los caballitos giren, rueden, troten,
torciendo entre los árboles su fuga.

Ay, anillo en el aire; ay, brisa, brisa
mareadora de frentes.
Ay, mi vida que fue, que vuelve. ¿Entonces?
¿Sois vosotras —decidme—, y me mirabais
dándome cielo desde vuestro trono,
me mirabais así, niño a la orilla?

INVENCIONES A DOS VOCES

EL RETO

UN firmamento luminoso, oscuro,
azul negro, morado, pavonado,
y más de cien estrellas en conjuro,
no se descubra el ritmo indescifrado.

Yo no tengo Virgilio, yo navego
sin rumbo constelado entre derrotas.
Tanta engañosa luz me abate ciego
bajo el graznido de las gaviotas.

Mas no es posible, aquellas dos, aquéllas
me están retando —sí, sostengo el reto—
me están contando en fabla de centellas
el no sé qué lentísimo, el secreto;

me están mirando, prometiendo, hiriendo
a fondo, a muerte, a vida enamorada,
cálidas y felices, insistiendo:
«Tómame, soy tu verso, tu almohada.»

Y sin saberlo yo. ¿Sabe la luna
si hay otra luna y otro cielo acaso?
¿Sabe el cielo que es cielo? ¿Sabe alguna
entre tantas su gloria o su fracaso?

¿De dos en dos? ¿Yo dos? No. De una en una.
Una soy yo. Mis ojos una sola
mirada, una saeta de fortuna,
imán y acero a un tiempo, roca y ola.

¿Y cómo averiguar si alguien me viste
esta luz cegadora que me quema
o si la estoy creando inmensa y triste,
si la estoy derramando hecha poema?

¿Querrás creer que yo pensaba (bueno:
soñaba) entonces, lírica, emanada,
que yo era tuya, tú, ya tú, tú pleno,
perdida en ti, fundida, entimismada?

ARDER

RAZÓN para existir no hay más que una.
Tú ya sabes cuál es.
Ya te has justificado. Ahora qué absurdo
te parece tu ayer.

Éste es el fuego, aquélla la paloma
y ése el vuelo torcaz.
Girar para quemarse, arder la llama
para otra vez volar.

Quiere volar el fuego, quiere el aire
—alas de serafín—
trocar su ser por el encierro en brasas,
quemarse y resistir.

Tú eres el fuego y tú eres la paloma,
tú, nido en combustión.
Ahora ya sabes que al abrir tus alas
vuelas y ardes de amor.

— 2 —

Ya lo sabía. Qué cándido eres,
y también qué pretencioso.
Todas sabemos eso sin que nadie
nos lo enseñe.

Volar es aún arder, arder es ya volar,
abanicar las alas.
Oh fuego que furioso nos devora.

Pero algo dices en que no he pensado.
El aire que quisiera reencerrarse,
concentrarse en su leño,
serafín ya sin alas ni respiro.

Pues eso es el dolor de amor,
fuego centrípeto,
toque celeste en transverberación.

A LA ORILLA

— 1 —

A la orilla del piano como sauce
sobre engaño remanso te inclinabas.

El agua no está quieta, ondas de arpegios
no se repiten, nunca dos iguales;
sólo el agua es la misma,

el agua, el río queda,
fluye el dibujo, el arabesco,
y tus cabellos en pasión se mojan.

Mis manos van cerrando las espumas,
encantando las linfas, van creciéndote,
Eco en espejo, arbórea y salpicada.

Y como de muy lejos, *wie aus der Ferne*,
te cierras y te abres en mis dedos.

— 2 —

Y como de muy lejos. Qué bien suena
esa música tuya. Es tuya, sí,
cuando la tocas, la acaricias,
la meces infinitamente,
la enamoras de ti.

220

Yo no soy Clara
ni tú Roberto. Pero estoy segura
de que ellos la crearon
sólo para nosotros. Sí, tú y yo.

Y cómo adivinaste el lago quieto
y mis hojas mojándose en desmayo.

Y de tus manos favorecedoras
—qué celos del marfil—
gotas de cielo schumann salpicándome.

MAÑANA DE MI AYER

— 1 —

QUÉDATE en ti. Te quiero como eres,
como naciste al ser.
¿Niña? ¿Mujer? No. En uno tus dos seres,
mañana de mi ayer.

Quédate así. Sin tiempo. Nueva y sola.
Transparente al amor.
En ti se curva, colma, azul, la ola,
cálida de ecuador.

Quédate en ti. Te miro y aconteces
en plenitud sin fin.
Sé siempre tú, tu realidad. Pareces
y eres: curso y jardín.

Quédate en mí, mas sin dejar por eso
de ser tuya y de hoy.
Quédate, estrella y cáliz de mi beso,
este beso infinito que te doy.

— 2 —

¿Para qué quieres que me quede, dime?
¿Si no sabes ni dónde, en ti o en mí?
Yo versos no sé hacer, si ellos me nacen
es que tú te quedaste, me diste
ritmo en sueños de ti.

No sabes, ay, si soy mujer o niña,
y me lo dices tú, el que cantaste:

> Parecía una mujer
> y era una niña.

> Después
> parecía una niña
> y era una mujer.

Por eso quiero ser, qué bien lo dices,
mañana de tu ayer.
Parezco y soy. Quiero existir
y ser: jardín y curso,
tu vacación dichosa, darte sombra,
fragancia, libertad, brisa también,
tu cuaderno de estudio y borrador.

Escribe en mí, corrige o borra,
goza si puedes, sufre, hazme,
créame.

222

GALEOTTO

— 1 —

JUAN Ramón Galeotto,
lo mismo que en mi santa adolescencia,
tan pecadora,
cuando versos de libros amarillos,
de libros blancos, me iban enseñando
el despertar del vuelo y de la vida.

Y ahora otra vez, pedales
bajo registro agudo,
para hermano mayor
sentado con menor a cuatro manos,
atril florido y rameado,
tapa luciente o mesa de poemas.
Y tú, pidiéndolo, conmigo.
Y el piano —versos otros, otra música—
es hoy también —ni él mismo lo sospecha—
indescifrable Galeotto.

— 2 —

La poesía del alma para el alma.
Y qué emoción sentir que lo ya escrito
por ti y para tu ella solamente
es también ilusión, salvación, lágrimas
para el lejano, para esa criatura
que, saltando a la comba, aún nada sabe
del amor que la aguarda, la hiere, la acaricia.

Y qué misterio, pese a los testigos,
el de esos versos —míos, míos—
que nadie —si tú quieres, si yo quiero—
descifrará.

Me contaste una vez de aquellos novios
que aprendieron a amarse
leyendo tu poesía, la inocente.
Y él, que era poeta, la enseñaba
versos ajenos, ya suyos, de ellos dos,
suyos a besos de un amor creyendo.

Y cómo lo supiste por la novia
cuando, como Rafael el de Teresa,
muerto su novio, vino a tu poesía.

Poesía, eterna peregrina.

SERRANILLA

— 1 —

POR la sierra dura
cruzando la fraga
va mi serranilla,
alas de alpargata.
Sola va y sin miedo
por la madrugada.
—¿Dónde vas, mi corza,
tú, tan de mañana?

Voy al otro valle,
vengo del Real Sitio.
No llevo mochila
ni perro ni amigo,
ni cuido rebaños
ni de amores cuido.
—¿Cuántos años tienes?
—No, no te los digo.

—¿Y no tienes miedo
de pisar culebra,
de toro que brama,
de zagal que acecha,
de pedrisco y rayo,
súbita tormenta?
—No puede tenerle
mi nombre de reina.

— 2 —

No tenía miedo
aquella mañana.
Ni de ti siquiera,
cazador sin arma,
poeta sin rimas,
vacía la aljaba.
—¿Sois vos el marqués
de Santillana?

Mi vida es camino,
libertad de piedra,
alas de calandria,
azules de presa.

Quiero seguir sola
ruta montañera.
—¿Juras por santa Ana?
—No, no soy villana.

Bachillera en ciernes
pero no, tampoco.
Soy hija del aire,
milagro del voto,
burlón espejismo,
bulto engañabobos.
—Tímido poeta,
bien te reconozco.

CREAR MATERIA

— 1 —

ESTOY pensando en ti y estoy mirando
mi retrato en color de Debussy.
Tú no le mires, sentiría celos.
Frente de fauno joven. Ser así,
ser como él, crear materia hermosa,
flauta de plata en el *après-midi*,
flauta de fuego, y Mallarmé que rabie.

También yo creo mi materia hermosa,
        mi materia de ti.

No conozco ese retrato.
¿Me lo enseñarás?

Y no, no tengas celos
de una pintura ni de unos colores.
Yo sí que los padezco de una música
de plata o de llama o de magia.

Crear materia hermosa. Y tú la creas,
no mirando, tocando a Debussy.
Su música haces tuya, su materia,
materia no de mí,
materia, creación, sueño
de ti, sólo de ti.

LA INCERTIDUMBRE

QUÉ horrible cosa es la incertidumbre.
Te has cerrado en tu flor, en tu botón,
de pura castidad, puro desvío,
pura traición acaso.
Y sin embargo fue. Y tú existías
y sólo y sola para mí.
Un milagro sí fuiste mas no un sueño,
tú, abierta y estrechada entre mis brazos.

No te escondas. Qué pronto te escondiste.
¿Juegas al escondite? Oh juego trágico.
No me desgarres más, tú, mi obediente,
mi voluntaria, tú, mi incertidumbre.

— 2 —

¿Y no sería más horrible la certidumbre?
No, no estés cierto nunca, que es soberbia estar
[cierto.
¿Jugar yo al escondite?
Quién supiera esconderse,
esconderse en la mina más secreta.
Esconderse y mostrarse
en pechos y semblantes plateados
es suplicio y ventura
y fianza de amor de creatura.

LITORAL

— 1 —

COMO los ríos van a la mar
mis manos van a ti,
a tu litoral fresco de ensenadas.
Van a tu frente donde se posaron
las alas de mi beso descifrable.
A tus párpados, yemas de mis dedos
van, como abeja cálida, a cegarte;
se afilan resbalando en tus mejillas,
se resedan de amor por tu garganta.

Son mis manos, tú sabes lo que saben,
mis manos tañedoras
las que a la bella durmiente del bosque
le despiertan arpegios indecibles.

— 2 —

Sigues en mí,
sigues en mí fluyendo,
resbalando, lindándome
—hasta aquí soy, aquí llegó mi piel—.

Ahora comprendo por qué mi geografía
alterna playas lisas, colinas y ensenadas.
Ya no me miro, me ajusto con mis manos.
Mejor me veo cerrando los ojos,
escuchando el suavísimo rumor
de tus olas muriendo en mi ribera,
mi ribera feliz de un solo trazo
pulsada sucesivamente,
respirada, tañida —y qué alta música—
por tu deseo en obra tentadora.

REINAS

— 1 —

MI balandro del Rey en la regata
se llamaba «Queen X», flor de carena.
Pues que un nombre de reina inglesa, Ena,
en botadura te impusieron, trata

de ser digna de un trono, tu sonata
de majestad resuene y no de pena
frente a las rocas de la Magdalena.
Se levantó a las diez brisa de plata,

ceñíase escorando hacia el nordeste
mi «Queen X» en bordada azul celeste.
Oh profecía, oh nombre, oh Reina hallada.

¿Qué sibila feliz, lengua de Cumas,
me auguró al fin tu Equis despejada,
fábula de la mar y sus espumas?

— 2 —

No te respondo en soneto.
Bien sabes que no me salen.
Déjame que te conteste
—brisa nordeste— en romance.

Llevar un nombre de reina
ni me estorba ni me vale
aunque resuene tan pálido
que un soplo rubio lo apague.
Llamarme Dido o Urraca,
Pentesilea o Candaces
—ya ves que también yo aspiro
a lucirme y a graduarme—
a mucho me obligaría.
¿Reina soy? Nadie lo sabe.

¿Tú crees que el nombre imprim
buenaventura o carácter?

Lleno está el mundo de Juanas
prudentes, frías y ecuánimes,
de analfabetas Cristinas,
de Guillerminas juncales.

No quiero reinar ni en ti
ni en ningún reino vacante.
Tanto monta, monta tanto,
pero a pie y que me descalce.
Y verás tu serranilla
sin miedo a nada ni a nadie.

¿CÓMO PUEDEN SER ELLAS?

— 1 —

¿CÓMO pueden ser ellas
sin dejar de ser tú?
En ti no hay más que un número
gramatical,
y eres singular, tan sólo una,
porque eres plural.

Todas las que yo amé, las que me amaron,
todas son tú, todas eres tú.
Y aunque te llamen accidente
los pobres gramáticos,
tú no les hagas caso,
tú, mi sustancia, mi número, mi vida.
Y sin declinación.

Ay, profesora, profesor
profesional y deformado,
qué cosas se te ocurren.
Y ¿cómo saber yo,
en qué, pero sin renunciarme ni negarme,
soy Elisa o soy Rosa o soy Pilar?
¿Cómo acertar a no ser más que una
sin falsas luces de pluralidad?

Pero si así tu vida te renuevo,
si me abro en hojas, libro de tu vida,
y me cierro en espíritu y en flor,
acaríciame, aspírame sin verme,
bien abiertos tus ojos tan crédulos.

CREO

— 1 —

AHORA soy yo quien recoge tu verso
«bien abiertos tus ojos, tan crédulos».

Mis ojos son tan crédulos
porque yo soy creyente,
porque yo soy vidente.
Creo en lo que veo y en lo que no veo.
Creo que ahora estás pensando en mí.
Creo en la trasmisión del pensamiento.
Creo en Dios, creo en ti, creo en el viento.

232

Cree por mí.
Cree por todo aquello en que no creo.
Yo sólo creo en ti,
y en ti cuando te veo.
Cuando te me pierdes ando ya perdida.
Yo necesito verte, oírte, atarte
con hilo de mirada enamorada.

Creo en Dios porque es Dios.
Creo sólo en el viento cuando canta en mis hojas.
¿Nunca me viste árbol presto al vuelo?
Sujétame que me enredan el pelo.
Pero creer, creer, tan sólo creo en ti.

DOS SUEÑOS

SUEÑO, gitano malo.
Desde el pretil
vemos las aguas verdes.
Tú, junto a mí.
El río con manzanas
baja a morir.
La lluvia canta y canta,
pájaro gris.
Bajo el puente, el silencio.
Yo, junto a ti.

Nos miramos los ojos,
fruta y reptil.
Tú temblando de miedo,
miedo de ti.
El álamo cerrado
¿se iría a abrir?

Llueve encima del puente,
dentro de ti.
Sueño, gitano malo,
ladrón sutil.
Tú no eras tú, eras otra,
rueda sin fin,
por todos rodeada
menos por mí.

— 2 —

No entiendo bien tu sueño.
Voy a contarte el mío.
Tú estabas en un pozo.
Yo volaba estrechando círculos.
Te ahogabas y yo no podía
más que rozar el brocal
sin conseguir hundirme.
Cómo brillaban tus ojos
de angustia, de esperanza.

Y yo, loca, gritando, convocando:
«Venid a ayudarme.
Cortadme, cortadme las alas.»

Y venía la noche.
Y hacía mucho frío.

LA SOMBRA Y EL AURA

— 1 —

YO también quiero verte, sí, tenerte
cerca de mí, a mi lado.
los contornos precisos, el cuerpo, el santo límite.
Pero hay algo más,
como decía Antonio Machado a sus alumnos.
Sí, hay más, hay más.

Por de pronto la sombra.
¿Tú has pensado en la sombra, en tu sombra
planchada contra la playa,
de pie en pared al sol poniente,
ondulante en el mar de la piscina,
multiplicada por distintos soles
en los estudios de televisión?

Mira: cuando yo era niño, en mi casa
—aún no había luz eléctrica—
me sentaba a leer junto al fogón de la cocina.
La luz del quinqué
(yo no sabía, oh diablo mundo, que era melan-
                                              [cólica)
proyectaba mis hombros, mi cabeza,
doblándolos, doblándola
—yo un gigante monstruoso—
en el diedro de pared y techo;
y yo entre miedo y risa
me acurrucaba más para olvidar mi otro.

Pero hay más, compruébalo, hay más, hay más.
Tú como todo ser de espíritu

te difundes, te emanas
en el espacio mágico del aura.
El aura no es el aire,
el aura no es el alma,
es el alma del aire que rodea
a los cuerpos angélicos,
cuerpos, sí, aunque invisibles,
y a los cuerpos de toda enamorada.

Es la luz y es la sombra de las almas.

— 2 —

A tus palabras de hoy
sólo te digo «gracias».
Decirte «gracias» es decirlo todo.
Tú me inventas la sombra,
tú me ciñes el aura,
tú me otorgas las otras de mí misma
y sin risa ni miedo.

Yo no soy de esas trágicas o cómicas
que se pisan la sombra
pero sí que me gusta deshacerla,
romperla en mil añicos
nadando a brazo alterno en la piscina
y restaurarla luego sobre el césped.

¿Sabes lo que te digo? Que vivimos dos vidas
y ninguna irreal, ambas reales.
Y el regalo que me has hecho
ha sido el de mi aura.
Desde que tú lo has dicho
no me miro al espejo.

LA FUNDACION DEL QUERER

(1969)

UN ROMANCE ES UN INSTANTE

UN romance es un instante,
un romance es una vez,
un romance es siempre, siempre
volver a empezar, volver.

Siempre estamos empezando
y no sabemos qué es
pero sí lo que será
porque mañana es ayer.

Ayer te quise yo tanto
que te quiero y te querré.
No tengo más que asomarme
a aquel jardín burgalés.

Tan sólo cinco minutos
o la sombra de un laurel,
y tú de alivio de luto
y yo de alivio de sed.

Y otro año y otro año
segunda y tercera vez,
tercera —y va la vencida—
bajo un nombre cordobés.

Un poeta de Sevilla
y otro de Granada infiel
maniatando mi destino
y conduciéndome a pie.

Te estoy viendo allí a la orilla
del mar con el viento aquel,
verde viento sur de octubre
que calentaba la sien,

bajo tu boina marrón,
tu pelo de oro de miel,
mejillas inverosímiles
de seda, de no sé qué.

Te quise mucho y despacio,
tan despacio que —ya ves—
tan joven viejo que soy,
soy en flor leña de arder.

Ahora sí que va a empezar
nuestro pliego de cordel.
Mira, escucha cómo cantan
la fundación del querer.

LA FUNDACIÓN DEL QUERER

La fundación del querer
es una suerte profunda.
Se funda lo que se quiere,
se funda lo que se busca.

Lo que se anhela que dure
más que atracción, más que junta,
más que vida, más que muerte,
más que luz, más que locura.

No se sabe cómo ha sido,
una chispa que chamusca
y lo que azar parecía
ya es el pleno, es la fortuna.

A mí me has tocado tú
y tu órbita se consuma
enredándose en la mía
y las dos son sólo una.

Se funda lo que se quiso
a fuerza de fe y de angustia.
Se funda el mar y la tierra.
También el querer se funda.

TAMBIÉN EL QUERER SE FUNDA

TAMBIÉN el querer se funda
—lo dice el cantar del pueblo—.
Ya no hay quien mueva esa torre,
quien pare su crecimiento.

Ni vientos ni terremotos
ni el envidioso y colérico
bando del señor alcalde:
«Échela abajo, maestro.»

El querer que así se funda
tan en lo oscuro, tan dentro,
crece siempre arriba, abajo,
fundación y fundamento.

Te quise un día de agosto,
te quise sin yo saberlo.
¿Cómo iba a saber yo
lo que es querer no queriendo?

No te quería querer
y tú con tus ojos lentos
me ibas queriendo y sacando
mi amor a la luz del cielo.

Y empezamos a echar flor
los dos a la vez y a un tiempo,
la tuya, color de nieve,
la mía, color de fuego.

La fundación del querer
ha fraguado monumento.
Cada día y cada noche
sigue creciendo, creciendo.

SIGUE CRECIENDO, CRECIENDO

SIGUE creciendo, creciendo
esta torre de altivez.
Y qué bien nos entendemos,
yo en español, tú en francés.

242

Una babel de dos rampas,
nada más que dos, qué bien,
cada una enrosca su hélice
en giro inverso y tan fiel

que dos veces nos besamos
al cruzarnos de través
por cada vuelta al tornillo
y al paisaje cada vez.

Y sin temor de caernos,
que hay barandilla a nivel
de la mano que se agarra
contra vértigo y vaivén,

sólo que se va estrechando
el tronco al crecer crecer,
se va haciendo agudo agudo
con vocación de ciprés,

más cerca vamos estando,
más cerca el cielo se ve
y la tierra se hunde hunde
más lejos a nuestros pies,

y las dos hélices, niña,
se van a abrazar, qué bien,
en una trenza apretada
de amor, de unidad, de fe.

CIERRE POR SOLEDADES

Ya catorce los romances.
Ya hay que escaparse del círculo.
¿No te parecen bastantes?

Mi madre me lo decía.
Me metí en tu calle y era
un callejón sin salida.

Para cantar mi querer
a lo ancho y a lo hondo
me basta el uno, dos, tres.

No soledad no es de balde.
Pagando estoy con mi vida
este amor por soledades.

Soledad siempre contigo
y siempre contigo y solo
y no sé lo que me digo.

¿Sabes tú lo que es querer?
Es la soledad perdida
a eso del amanecer.

Así canto yo y mi mano
acaricia sus espumas
como se acaricia un piano.

El mar es un toro fiero
y hay que sacarle de tablas
y dominarle en el tercio.

Para que no se desmande
nada como el ayudado
por bajo y por soledades.

El mar y yo somos dos,
pero tú y yo somos una,
una soledad de Dios.

Sé que te estaré queriendo
en la tierra y en el mar
cuando arriba nos juntemos.

LIBROS POÉTICOS
DE GERARDO DIEGO

«El Romancero de la novia. Iniciales». Madrid, 1920.
«La Sorpresa (Cancionero de Sentaraille)». Madrid, 1944.
«Soria». Santander, 1948.
«Paisaje con Figuras». Palma de Mallorca, 1956.
«Amor solo». Madrid, 1958.
«Canciones a Violante». Madrid, 1959.
«Tántalo (Versiones poéticas)». Madrid, 1960.
«Mi Santander, mi cuna, mi palabra». Santander, 1961.
«La Suerte o la Muerte (Poema del Toreo)». Madrid, 1963.
«El Jándalo (Sevilla y Cádiz)». Madrid, 1964.
«El Cerezo y la Palmera (Retablo escénico en forma de tríptico)». Madrid, 1064.
«Biografía Incompleta». Segunda edición aumentada. Madrid, 1967.
«Preludio, Aria y Coda a Gabriel Fauré». Edición numerada de 150 ejemplares, con versión al francés de Edmond Vandercammen, facsímiles autógrafos con los sucesivos estados de su composición e ilustraciones de diversos artistas, en color. Santander, 1967.
«La Fundación del Querer». Santander, 1970.

Libros Agotados

«Imagen (Poemas)». Madrid, 1922.
«Manual de Espumas». Madrid, 1924.
«Versos Humanos». Madrid, 1925.
«Viacrucis». Santander, 1931. Agotada también la segunda edición, aumentada, de Madrid, 1956.
«Fábula de Equis y Zeda». México, 1932.
«Poemas Adrede». México, 1932. Agotada también la

segunda edición conjunta de estos dos últimos libros, aumentada, y bajo el título de «Poemas Adrede». Madrid, 1943.

«Alondra de Verdad». Madrid, 1941 (primera edición) y Madrid, 1943 (segunda).

«La Luna en el Desierto y otros poemas». Santander, 1948.

«Hasta siempre». Madrid, 1948.

«Limbo». Las Palmas de Gran Canaria, 1951.

«Amazona». Primera edición: Madrid, 1955. Y segunda: Madrid, 1956.

«Égloga de Antonio Bienvenida». Santander, 1956.

«Evasión». Caracas, 1958.

«La Rama». Santander, 1961.

«Glosa a Villamediana», Madrid, 1961.

«Sonetos a Violante». Sevilla, 1962.

«El Cordobés dilucidado y Vuelta del Peregrino». Madrid, 1966.

«Odas morales». Málaga, 1966.

«Variación 2». Santander, 1966.

Libros de próxima aparición

«Versos Divinos».

«Poesía Completa», en dos volúmenes de Plaza & Janés, Editores.

Antologías de la poesía de G. D., preparadas por él mismo

«Primera Antología de sus versos». Colección «Austral» de Espasa-Calpe, n.º 219. Madrid, 1941. Sexta edición, 1967.

«Segunda Antología de sus versos» (1941-1967). «Austral», n.º 1394. Madrid, 1967.

«Antología. 1918-1940». Clásicos Anaya. Segunda edición, 1970.

«Antología Poética». Dirección General de Enseñanza Media y Profesional. Madrid, 1969.

«Versos escogidos». Antología Hispánica de Editorial Gredos. Madrid, 1970.

ÍNDICE

Este libro se imprimió en los talleres
de «GRÁFICAS SATURNO»
Andrés Doria, n.º 29-31,
Barcelona